客户管理
必备制度与表格范例

杜 帅 ◎ 编著

Customer Management

中国友谊出版公司

图书在版编目（CIP）数据

客户管理必备制度与表格范例 / 杜帅编著. —— 北京：中国友谊出版公司, 2018.4
ISBN 978-7-5057-4286-4

Ⅰ.①客… Ⅱ.①杜… Ⅲ.①企业管理–销售管理 Ⅳ.①F274

中国版本图书馆CIP数据核字（2018）第 005148 号

书名	客户管理必备制度与表格范例
作者	杜　帅　编著
出版	中国友谊出版公司
发行	中国友谊出版公司
经销	新华书店
印刷	河北鹏润印刷有限公司
规格	710×1000 毫米　16 开 19.5 印张　339 千字
版次	2018 年 4 月第 1 版
印次	2018 年 4 月第 1 次印刷
书号	ISBN 978-7-5057-4286-4
定价	59.00 元
地址	北京市朝阳区西坝河南里 17 号楼
邮编	100028
电话	（010）64668676

前　　言

我们在电视片《动物世界》中经常能看到这样的画面：一群狮子在草原上游走，这时，突然出现了一只小动物，比如一只兔子，你猜狮子们将如何行动？也许你会认为它们将争抢这道小吃吧。但事实并非如此！狮子们才不愿意为一道小吃就如此费力，它们期待的是某道大餐！问题显而易见，如果狮子疯狂地追逐每一只在它们面前出现的小兔子，那么它们很快就会筋疲力尽，当羊或鹿这样更大更美味的猎物出现时，它们哪还有力气再去追捕呢？

同样的道理，如果你让你的员工疯狂地追逐上门的每一笔小生意，那么很快你和你的员工就会筋疲力尽，等到有大生意上门时，却无力承接。因此，我们必须进行客户管理。

一个现代化的企业，对于客户资源的关注，已经成为决定企业长久发展的基础。所以企业有必要将整个企业的客户关系统一进行管理，并且通过不同的权限设定，来区别每个角色对资源的操作范围。有了良好的客户数据基础，即使销售人员有所变动，客户资料也能够一目了然。

过去我们一直被告诫客户是企业利润的源泉，让所有的目标客户对企业的产品和服务感到100%的满意是企业追求的目标。可是在实践中，你不难发现，有的客户从你的企业购买了大量的产品，有的却只购买了很少量的产品；有的客户持续地与你做生意，有的客户一生中只和你做一次生意；有的客户并不因为产品价格稍有变化便大幅度地改变购买量，而有的客户却对价格相当敏感；有的客户，你只要稍做努力就可以和他们维持良好的关系，而有些客户，即使你为他们投入大量的时间、精力和财力，也难以长期维持良好的关系。由此可见，客户与客户之间是有区别的，他们对企业做出的贡献并不相同。

因此，随着时代的发展和客户关系管理的进步，企业也有必要制定自己的客户开发战略，最大限度地挖掘企业与客户做生意的潜力；制定、维护和实施提升客户价值的策略和行动方案；收集、分析、保存和传播有关的信息；逐步与客户的权力层成员建立起关系；指导建议书的撰写，确保能解决客户主要问题，满足其需求和要求；促进合同谈判的顺利进行，达到双赢目的；在客户事务上做好与团队成员的沟通，确保他们能正确领会客户意图，使客户满意，协调各团队之间的工作，确保在客户事务上达成一致；督促企业按时向客户交货或提供服务；确保对客户的问题、投诉和快速服务作出迅速的反应。这些都是现代客户管理的当务之急。

经济学中有一个"80/20法则"，这一法则认为，较小的诱因、投入和努力，往往可以产生较多的产出和收获。也就是说，你所完成的工作中，80%的收获来自于20%的付出，80%的结果归因于20%的原因，80%的酬劳来源于20%的努力。而在企业经营中，80%的营业额来自20%的产品和20%的客户，20%的产品和客户为企业贡献的利润通常占企业总利润的80%，80%的收益是由20%的员工创造的。

"80/20法则"中所说的这一比例具体到每一个企业虽然未必都准确，但是，它所表达出的含义却是每个企业都不可忽视的。企业服务的客户范围非常广泛，有些客户能为企业的盈利率做出巨大的贡献，而有些客户却只能做出较小的贡献，有的客户带给企业的甚至是负利润。虽然说每个客户都是企业的资源，可这种资源极强的流动性导致了这样一个事实，即只有那些与企业有长期业务往来的重点客户才能给企业带来较高的利润。

正是鉴于我们以上对企业客户关系管理重要性的充分理解和认识，而且有感于企业客户关系管理的复杂性和多样性所造成的混乱局面，我们编写了本书，其内容主要涉及客户信息管理、客户分级管理、客户关系维护管理、客户信用管理、客户渠道管理、客户货款管理、客户开发管理、客户服务管理等方面。希望这些精心为企业的客户关系管理准备的管理制度与表格范本能够真正的行之有效。

在编写过程中我们也参考了一些其他同类的书籍，在此一并表示感谢。当然，限于作者水平，书中也许会有疏漏之处，尚请广大读者多多批评指正。

编　者

目　　录

第1章　客户信息管理必备制度与表格

1.1　客户关系管理原则及办法　/2
1.2　客户信息管理章程　/4
1.3　客户信息管理办法　/5
1.4　客户名簿处理制度　/6
1.5　客户档案立档制度　/7
1.6　构建客户数据库的原则　/9
1.7　客户信息库管理制度　/10
1.8　客户资料保密制度　/12
1.9　客户资料管理表　/14
1.10　客户销售资料一览表　/15
1.11　客户分布状况一览表　/16
1.12　客户业务种别一览表　/17
1.13　历年客户营业额统计表　/18
1.14　客户地址分类表　/19
1.15　客户路序分类表　/20
1.16　客户行为资料表　/21
1.17　现在、过去和将来顾客情况分析表　/22
1.18　客户信息日报表　/23
1.19　客户情况日报表　/24
1.20　销售收入月报表　/25
1.21　客户分析表　/26
1.22　营销点客户分析表　/27
1.23　市场区域分析表　/28
1.24　客户价值观表　/29
1.25　客户统计表　/30
1.26　客户资料简表　/31
1.27　客户资料详表　/32
1.28　客户资料卡　/33
1.29　客户管理卡　/35
1.30　客户使用卡　/36

第2章　客户分级管理必备制度与表格

2.1　客户分级和关系维护图　/40
2.2　大客户管理制度　/40
2.3　客户服务及管理步骤　/45
2.4　重点客户招待会实施制度　/47
2.5　单个客户管理办法　/48
2.6　潜在客户分级及管理　/50

1

2.7　危险客户判断方法　/ 51	2.17　非重点客户转重点客户评核表 / 63
2.8　客户总体分类表格　/ 54	2.18　客户增减分析表　/ 64
2.9　客户 ABC 分类表　/ 55	2.19　固定客户交易对策表　/ 65
2.10　客户构成分析表　/ 56	2.20　优良客户统计表　/ 66
2.11　重点客户登记表　/ 57	2.21　特殊客户申请表　/ 67
2.12　重点客户对策表　/ 58	2.22　问题客户对策表　/ 68
2.13　重点客户排行表格　/ 59	2.23　老客户交易对策表　/ 69
2.14　重点客户管理表格　/ 60	2.24　危机客户评议表　/ 70
2.15　重点客户销售额分析表　/ 61	2.25　对危机客户的对策表　/ 72
2.16　主要客户营业分析表　/ 62	

第 3 章　客户关系维护管理必备制度与表格

3.1　客户维护管理制度　/ 74	3.18　加强新客户关系对策表　/ 100
3.2　客户参与管理制度　/ 75	3.19　拜访客户应克服的惰性表　/ 101
3.3　客户评估管理制度　/ 76	3.20　联络问题分析表　/ 102
3.4　客户拜访管理制度　/ 77	3.21　联络结果报告书　/ 103
3.5　拜访区域规划管理制度　/ 80	3.22　强化客户关系表　/ 104
3.6　巡访内容、路线与频率　/ 82	3.23　强化客户关系明细表　/ 105
3.7　客户销户管理制度　/ 83	3.24　款待客户申请表　/ 107
3.8　客户营销事务管理制度　/ 85	3.25　款待客户报告表　/ 108
3.9　客户参观管理办法　/ 89	3.26　招待成本与收益比例表　/ 109
3.10　客户参观接待办法　/ 90	3.27　客户评估表　/ 110
3.11　客户接待费用管理规定　/ 91	3.28　上门客户统计表　/ 111
3.12　标准客户交往步骤表　/ 93	3.29　部门别及客户别销售额计划表 / 112
3.13　客户联络计划表　/ 94	3.30　业务经理寻访客户周工作
3.14　客户访问计划与实绩日报　/ 95	计划表　/ 113
3.15　客户实施时间表　/ 96	3.31　业务经理寻访客户月工作
3.16　客户馈赠申请表　/ 97	计划表　/ 114
3.17　重点客户交往表格　/ 98	

第4章 客户信用管理必备制度与表格

- 4.1 客户信用管理办法 / 116
- 4.2 客户信用度评估细则 / 117
- 4.3 客户信用限度确定方法 / 118
- 4.4 客户信用等级评估方案 / 120
- 4.5 客户信用调查办法 / 125
- 4.6 客户信用状况分析办法 / 129
- 4.7 客户信用调查总表 / 131
- 4.8 客户信用调查明细表 / 132
- 4.9 客户信用度评判简表 / 134
- 4.10 客户员工信用度评价表 / 135
- 4.11 客户信用度项目分析表 / 136
- 4.12 客户信用状况变化一览表 / 139
- 4.13 客户信用管理表 / 141
- 4.14 客户信用评估与建议表 / 142
- 4.15 客户资信分析表 / 143
- 4.16 客户资信限度核定表 / 144
- 4.17 客户信用审核表 / 145
- 4.18 变更信用额度申请表 / 146
- 4.19 客户信用限度核定表 / 147
- 4.20 客户信用度变更表 / 148

第5章 客户渠道管理必备制度与表格

- 5.1 客户渠道管理流程图 / 150
- 5.2 客户渠道管理原则 / 151
- 5.3 特约店经营管理制度 / 154
- 5.4 特约店协会组织制度 / 156
- 5.5 代理店经营管理制度 / 157
- 5.6 连锁店经营管理制度 / 160
- 5.7 连锁店组织规章 / 161
- 5.8 连锁店业务规程 / 163
- 5.9 加盟连锁店规章 / 166
- 5.10 直销商营业守则 / 170
- 5.11 直销订货与退货流程规定 / 174
- 5.12 特约店交易合同书 / 175
- 5.13 代理店合同书 / 177
- 5.14 经销商合同范例 / 179
- 5.15 特约店调查表 / 183
- 5.16 渠道代理商申请表 / 184
- 5.17 渠道代理商注册登记表 / 185
- 5.18 代理店选择调查表 / 186
- 5.19 代理店关闭报告表 / 187
- 5.20 分销商店铺调查表 / 188
- 5.21 经销店促销活动计划表 / 189
- 5.22 客户业务联系记录表 / 190
- 5.23 客户交易记录表 / 191
- 5.24 客户销售统计表 / 192
- 5.25 客户销售分析表 / 193

第6章　客户货款管理必备制度与表格

6.1　货款回收管理办法　/ 196
6.2　货款回收处理办法　/ 198
6.3　客户呆账催讨办法　/ 201
6.4　债权管理制度　/ 202
6.5　客户应收票据管理制度　/ 206
6.6　公司应收款项管理制度　/ 207
6.7　出货管理制度　/ 209
6.8　商品交运单的流程控制　/ 210
6.9　公司逾期账款管理制度　/ 212
6.10　公司呆、坏账处理制度　/ 214
6.11　收款通知单　/ 217
6.12　收款日报表　/ 218
6.13　收款异样报告表　/ 219
6.14　应收账款票据日报表　/ 220
6.15　应收账款票据分户明细表　/ 221
6.16　月收款状况表　/ 222
6.17　应收账款票据分析表　/ 223
6.18　客户延迟付款分析表　/ 224
6.19　客户赊款回收计划表　/ 225
6.20　客户问题账报告表　/ 226
6.21　呆账分析表　/ 227
6.22　订单登记表　/ 228
6.23　客户订货统计表　/ 229
6.24　发货通知单　/ 230
6.25　发货明细表　/ 231
6.26　发货月报表　/ 232
6.27　提货单　/ 233
6.28　送货单　/ 234
6.29　送货一览表　/ 235
6.30　送货日计表　/ 236
6.31　交货进度追踪表　/ 237
6.32　退货申请表　/ 238

第7章　客户开发管理必备制度与表格

7.1　客户开发选择制度　/ 240
7.2　客户开发建议管理制度　/ 241
7.3　客户开发提案改善制度　/ 243
7.4　客户开发提案建议管理条例　/ 246
7.5　大客户开发步骤　/ 247
7.6　寻找潜在客户的方法　/ 250
7.7　潜在客户的评估及管理　/ 251
7.8　潜在客户资格鉴定制度　/ 252
7.9　新客户开发管理实施细则　/ 253
7.10　客户开发业绩考核制度　/ 254
7.11　客户开发奖励制度　/ 257
7.12　开发客户的十条圣训　/ 259
7.13　客户开发常用技巧表　/ 261
7.14　潜在客户调查表　/ 262
7.15　潜在客户管理表　/ 263
7.16　访问次数与商谈内容归纳表　/ 264
7.17　客户开发计划及预定表　/ 265
7.18　潜在客户资料登记表　/ 266

7.19 潜在客户管理卡 ／267
7.20 客户/潜在客户总结表 ／269
7.21 潜在客户追踪表 ／270
7.22 新客户内部潜力挖掘表 ／271
7.23 新客户认定报告表 ／272
7.24 一周行动计划表 ／273
7.25 客户访问步骤表 ／274
7.26 客户访问实情日报表 ／275
7.27 阻碍洽谈进展苗头的表格 ／276
7.28 易引起误解的表达方式表 ／277
7.29 招待客户禁忌表 ／278

第8章 客户服务管理必备制度与表格

8.1 客户服务管理办法 ／280
8.2 客户投诉案件具体处理办法 ／282
8.3 客户提案意见处理规定 ／285
8.4 客户投诉行政处罚规定 ／286
8.5 客诉处理作业流程 ／288
8.6 客户服务工作制度检查/评价表 ／289
8.7 客户抱怨防范表 ／290
8.8 客户抱怨分析表 ／291
8.9 客户抱怨处理报告表 ／292
8.10 客户投诉登记表 ／293
8.11 客户投诉管理表 ／294
8.12 客户投诉处理表 ／295
8.13 客户投诉处理日报表 ／296
8.14 客户投诉登记追踪表 ／297
8.15 客户投诉案件统计表 ／298
8.16 客户抱怨处理总结表 ／299

第 1 章

客户信息管理必备制度与表格

1.1　客户关系管理原则及办法

1. 动态管理

客户关系管理建立后，置之不顾，就会失去它的意义。因为客户的情况是会发生变化的，所以客户的资料也需要加以调整，剔除过旧或已经变化了的资料，及时补充新的资料，对客户的变化进行跟踪，使客户关系管理保持动态。

2. 突出重点

有关不同类型的客户资料很多，我们要透过这些资料找出重点客户，重点客户不仅要包括现有客户，而且还应包括未来客户或潜在客户。这样同时为企业选择新客户、开拓新市场提供资料，为企业进一步发展创造良机。

3. 灵活运用

客户资料的收集管理，目的是在销售过程中加以运用。所以，在建立客户资料卡后，不能束之高阁，必须要以灵活运用的方式及时全面地提供给销售代表及其他有关人员，使他们能进行更详细的分析，使死资料变成活资料，提高客户管理的效率。

4. 专人负责

由于客户资料只能供内部使用，所以客户管理应确定具体的规定和办法，应有专人负责管理，严格管理好客户情报资料的利用和借阅。

5. 客户管理办法

（1）本公司为强化对客户服务，加强与客户的业务联系，树立良好的企业形象，不断地开拓市场，特制定本规定。

（2）本规定所指服务，包括对各地经销商、零售商、委托加工工厂和消费者（以下统称为客户）的全方位的系统服务。

（3）客户服务的范围：

①巡回服务活动

• 对有关客户经营项目的调查研究。

• 对有关客户商品库存、进货、销售状况的调查研究。

• 针对客户对本公司产品及其他产品的批评、建议、希望和投诉的调查分析。

• 搜集对客户经营有参考价值的市场行情、竞争对手动向、营销策略等信息。

②市场开拓活动

- 向客户介绍本公司产品性能、特点和注意事项，对客户进行技术指导。
- 征询新客户的使用意见，发放征询卡。

③服务活动

- 对客户申述事项的处理与指导。
- 对客户进行技术培训与技术服务。
- 帮助客户解决生产技术、经营管理、使用消费等方面的技术难题。
- 定期或不定期地向客户提供本公司的新产品信息。
- 举办技术讲座或培训学习班。
- 向客户赠送样品、试用品、宣传品和礼品等。
- 开展旨在加强与客户联系的公关活动。

（4）管理。各营业单位主管以下列原则派遣营销员定期巡访客户：

①将各地区的客户依其性质、规模、销售额和经营发展趋势等，分为A、B、C、D四类，实行分级管理。

②指定专人负责巡访客户（原则上不能由本地区的负责业务员担任）。

（5）实施。各营业单位主管应根据上级确定的基本方针和自己的判断，制订年度、季度和月份巡回访问计划，交由专人具体实施。计划内容应包括重点推销商品、重点调查项目、特别调查项目和具体巡访活动安排等。

（6）赠送。对特殊客户，如认为有必要赠送礼品时，应按规定填写《赠送礼品预算申请表》，报主管上级审批。

（7）协助。为配合巡回访问活动展开，对每一地区配置1~2名技术人员负责解决技术问题。重大技术问题由生产部门或技术部门予以协助解决。

（8）除本规定确定事项外，巡访活动需依照外勤业务员管理办法规定办理。

（9）日报。巡回访问人员每日应将巡访结果以"巡访日报表"的形式向上级主管汇报，并一同呈报客户卡。日报内容包括：

①客户名称及巡访时间。

②客户意见、建议、希望。

③市场行情、竞争对手动向及其他公司的销售政策。

④巡访活动的效果。

⑤主要事项的处理经过及结果。

⑥其他必要报告事项。

（10）月报。各营业单位主管接到巡访日报后，应整理汇总，填制"每月巡访情况报告书"，提交公司主管领导。

（11）通报。各营业单位主管接到日报后，除本单位能够自行解决的问题外，应随时填制"巡访紧急报告"，通报上级处理。报告内容主要包括：

①同行的销售方针政策发生重大变化。

②同行有新产品上市。

③同行的销售或服务出现新动向。

④发现本公司产品有重大缺陷或问题。

⑤其他需作紧急处理的事项。

1.2 客户信息管理章程

1. 目的

为使本公司的客户信息管理工作走向制度化和规范化，使之日趋完善，特制定本章程。

2. 报告种类

（1）一般报告：口头。

（2）紧急报告：口头或电话。

（3）定期报告：提交《客户信息报告》。

3. 客户分类

根据客户信用状况，分为A类、B类、C类三个等级。

（1）A类：企业形象好、知名度高，在同行业中有竞争优势，信用问题确有保证（与本公司的交易规模大小无直接关系）。

（2）B类：信用状况一般。大多数客户应列入此类。

（3）C类：需要关注防范。

4. 报告程序

报告于每月底向营业主管提出，营业主管应在5日内提交总经理。

5. 日常报告

日常报告的提交方法依另行规定的《客户信息报告》中的规定办理。

6. 定期报告

业务人员根据上述分类，依照《客户信息报告》规定事项，向上级主管进行定期报告。上级主管对报告审核整理后，按下列要求经由总经理向董事会报告。

（1） A类：6个月一次（每年3月和9月）。

（2） B类：3个月一次（每年2月、5月、8月和11月）。

（3） C类：每月一次。

7. 紧急报告

当发生拒付或拒付可能性较大的信用问题时，依实际情况应尽可能迅速通报上级和有关部门。

1.3 客户信息管理办法

1. 总则

为使公司对客户的管理规范化、有效化，保证稳定开展，特制定本办法。

2. 客户界定

公司客户为与公司有业务往来的供应商和经销商。

公司有关的律师、财务顾问、广告、公关、银行、保险、融资协助机构，可列为特殊的一类客户。

3. 客户信息管理

公司信息部负责公司所有客户信息的汇总、整理。

公司建立客户档案，并编制客户一览表供查阅。

（1） 客户档案的建立

● 每发展、接触一个新客户，均应建立客户档案户头；

● 客户档案适当标准化、规范化，摸清客户基本信息，如客户名称、法定代表人、地址、邮编、电话、传真、经营范围、注册资本等。

（2） 客户档案的更新、修改

● 对客户单位的重大变动事项、与本公司的业务交往，均须记入客户档案；

● 积累客户年度业绩和财务状况报告。

4. 客户档案的使用

公司各部门与客户接触的重大事项，均须报告信息部（除该业务保密外），不得局限在业务人员个人范围内。

5. 客户档案的保管

员工调离公司时，不得将客户资料带走，其业务部门会同信息部将其客户资料接收、整理、归档。

6. 调阅的权限

建立客户信息查阅权限制，未经许可，不得随意调阅客户档案。

7. 客户管理

接待客户，按公司对外接待办法处理，对重要的客户按贵宾级别接待。

与客户的信函、传真、长话交往，均应按公司各项管理办法记录在案，并整合在客户档案内。

对一些较重要、未来将发展的新客户，公司要有两个以上的人员与之联系，并建立联系报告制。负责与客户联系的员工调离公司时，应由公司及时通知有关客户，并指派新员工顶替调离员工迅速与客户建立联系。

8. 附则

本办法由信息部解释、补充，经总经理批准颁行。

1.4 客户名簿处理制度

1. 目的

交易往来客户名簿是公司对于往来客户在交易上的参考资料的整理，将交易状况记录下来。例如：往来客户的信用度，及其营业方针与交易的态度等。也就是说交易往来客户名簿是要将交易往来客户的现状经常性的记载下来。

2. 交易往来客户名簿的种类

（1）交易往来客户名簿是以交易往来客户原始资料（以卡片方式一家公司使用一张）和负责部科别的交易往来客户一览表来区分。在总务部财务科里记载、订正等。前者留在总务部经理室备用，后者则分配给各负责部门使用。

（2）交易往来客户原始资料是将交易往来客户的机构、内容、信用与本公司的关系等详细记入，而交易往来客户一览表则将这些简单地列入记录。

3. 交易往来客户原始资料的保管和阅览

各部门在必要的时候，可随时向经理室借阅交易往来客户资料，在这种情况下各负责部门以外的人如要阅览时，则必须经过总务部财务科的确认才行。

经理对于资料的保管要十分留意，避免污损、破损、遗失等。

4. 做成记录及订正

（1）无论买或卖，对于开始有交易往来的公司，各负责者要在"交易开始调查书"里，记入必要事项，并且取得单位主管的认可并禀报董事长。

（2）财务科应1年2次（2月、8月）定期对交易往来客户作调查，如果有变化的时候，在交易往来客户名簿及交易往来客户一览表里记入、订正。

（3）财务科对于有关交易往来客户的记入事项的变化，或有其他新的事项时，随时记入。

（4）交易往来客户如果解散或者是与本公司的交易关系解除的时候，财务科应该尽速将其从交易往来客户名簿及交易往来客户一览表中除去，并将其交易往来客户原始资料分别保管。

5. 各负责者的联络

各负责者对于所担当交易的状况要经常注意，如果有变化，要向财务科传达，努力保持交易往来客户原始资料及交易往来客户一览表的正确性。

6. 不要的资料的整理及处理

交易解除后的资料要以"交易中止"或者"交易过去"分类后分别放入并整理。完全不可能恢复交易来往的名簿，经主管经理确后将其处理掉。

1.5 客户档案立档制度

1. 总则

（1）为对客户进行科学管理，加强本公司客户档案立档工作，特制定本制度。

（2）归档的材料必须按年度立卷，本企业在营销活动中形成的各种有保存价值的材料，都要按照本制度的规定，分别立卷归档。

2. 立档范围

（1）客户的基本信息，主要包括客户名称、负责人、地址、联系方式等。

（2）客户的经营规模、经济实力。

（3）客户与公司的主要业务来往记录。

3. 归档质量要求

（1）为保证案卷质量，统一立卷规范，立档工作由相关部室兼职档案员配合，档案室文书档案员负责组卷、编目。

（2）案卷质量总的要求是：保持文件之间的有机联系，遵循文件的形成规律和特点，区别不同的价值，便于保管和利用。

（3）归档的资料种数、份数以及每份文件的页数均应齐全完整。

（4）在归档的资料中，应将每份文件的正本与附件、印件与定稿、转发文件与原件、请示与批复、多种文字形成的同一文件，分别立在一起，不得分开，文电应合一立卷。绝密文电单独立卷，少数普通文电如果与绝密文电有密切联系，也可随同绝密文电立卷。

（5）不同年度的资料一般不得放在一起立卷，但跨年度的请示与批复，放在复文年立卷；没有复文的，放在请示年立卷；跨年度的规划放在所针对的第1年立卷；跨年度的总结放在针对的最后1年立卷；跨年度的会议文件放在会议开幕年；其他文件的立卷按照有关规定执行。

（6）客户档案资料应区别不同情况进行排列。密不可分的材料应依序排列在一起，即正件在前，附件在后；批复在前，请示在后；印件在前，定稿在后。其他材料依其形成规律或特点，应保持资料之间的密切联系，并进行系统的排列。

（7）客户资料应按排列顺序，依次编写页号。装订的案卷应统一在有文字的每页材料正面的右上角、背面的左上角打印页号。

（8）永久、长期和短期案卷必须按规定的格式逐件填写卷内文件目录。填写的字迹要工整。卷内目录放在卷首。

（9）有关资料的情况说明，都应逐项填写在备考表内。若无情况可说明，也应将相关负责人的姓名和时期填上以示负责。备考表应置卷尾。

（10）案卷封面应逐项按规定用毛笔或钢笔书写，字迹要工整、清晰。

（11）案卷的装订和案卷各部分的排列格式：装订前，卷内材料要去掉金属物，对被破坏的材料应按裱糊技术要求装裱，字迹已扩散的应复制并与原件一并立卷，案卷应用三孔一线封底打活结的方法装订。

（12）案卷各部分的排列格式：软卷封面（含卷内文件目录）——客户资料——封底（含备考表），以案卷号排列次序装入卷盒，置于档案柜内保存。

（13）本制度自颁发之日起实施。

4. 信息反馈与客户档案管理

（1）业务经理必须为所分管区域客户建立"终端客户档案"，结合客户的ABC分类，每季度将客户档案更新一次，每季度第一个月上旬完成。

（2）信息反馈的内容包括：经销商动态的经营情况与建议，整体市场的变动趋势与热点，主要竞争品牌的营销政策、新产品推出、布点增减与业绩增减情况、市场管理情况等。

（3）要始终保持以全新的眼光审视每一天市场上的情况与变化，保持对竞争品牌的密切关注。及时将相关信息向公司进行反馈。

（4）用公司的"成功手册"对每日工作进行计划与总结，每日在巡访记录中反映收集的信息。

（5）每周对重要信息进行分析，不能只反映不分析，必须在第一时间对所有信息形成初步判断，并形成文字报告上交区域经理。

1.6 构建客户数据库的原则

1. 尽可能地将客户的完整资料保存下来

现在的数据库具有非常强大的处理能力，但是无论怎样处理，原始数据总是最为宝贵的，有了完整的原始数据，随时都可以通过再次加工，获得需要的结果，但如果原始数据缺失严重，数据处理后的结果也将失去准确性和指导意义。

2. 应该将资料进行区分

将企业自身经营过程中获得的内部客户资料与其他的渠道获得的外部资料区分开来。企业内部资料主要是一些销售记录、客户购买活动的记录以及促销等市场活动中获得的直接客户资料。这些资料具有很高的价值，具体表现在：首先是这些资料具有极大的真实性，其次是这些资料是企业产品的直接消费者，对公司经营的产品已经产生了理性的认识。

外部数据是指企业从数据调查公司、政府机构、行业协会、信息中心等机构获得的，这些数据最重要的特征是数据中记载的客户是企业的潜在消费者，所以是企业展开营销活动的对象。但是，这些数据存在着真实性较差、数据过时、不符合企业要求的问题，需要在应用过程中不断地修改和更正。

3. 数据库管理的安全性

确保记录在计算机系统中的数据库安全运行，如果这些数据意外损失或者外流，将给企业造成难以估量的损失。因此需要严格地加强安全管理，建立数据库的专人管理和维护的机制。

4. 随时的维护

数据库中的数据是死的，客户的动态是活的，企业要想充分享受数据库带来的利益，不能担心浪费精力和金钱，一定要尽可能地完成客户资料的随时更新，将新鲜的数据录入到数据库中，这样才有意义。

1.7　客户信息库管理制度

1. 目的

本制度立足于建立完善的市场客户信息库管理系统和客户信息库管理规程，以提高信息库营销效率，扩大信息库市场占有率，与本企业交易伙伴建立长期稳定的业务联系。

2. 适用范围

企业的过去、现在和未来的信息库，市场直接客户与间接客户都应纳入本制度的适用范围。

3. 内容

（1）客户基础资料

客户资料的获取，主要是通过营销人员对客户进行的电话访问和电子邮件访问收集来的。在信息库管理系统中，大多以建立客户数据库的形式出现。

客户基础资料主要包括客户的基本情况、所有者、管理者、资质、创立时间、与本企业交易时间、企业规模、行业、资产等方面。

（2）客户特征

服务区域、销售能力、发展潜力、企业文化、经营方针与政策、企业规模（员工人数、销售额等）、经营管理特点等。

（3）业务状况

业务状况主要包括目前及以往的销售实绩、经营管理者和业务人员的素质、与其他竞争者的关系、与本企业的业务联系及合作态度等。

（4）交易活动现状

交易活动现状主要包括客户的销售活动状况、存在的问题、保持的优势、未来的对策、企业信誉与形象、信用状况、交易条件和以往出现的信用问题等。

4. 方法

建立客户信息库系统，本制度规定客户基础资料的取得形式如下，并采用数据库的形式进行。

（1）由销售代表在进行市场调查和客户访问时进行整理汇总。

（2）向客户邮寄客户资料表，请客户填写。

（3）委托专业调查机构进行专项调查。

5. 客户分类

利用上述资料，将企业拥有的客户进行科学的分类，目的在于提高销售效率，增加企业在市场上所占的份额。分类的标准有多种，主要原则是便于销售业务的开展。可按客户所在行业、客户性质、客户地域、客户类型划分。

（1）客户等级分类

企业根据实际情况，确定客户等级标准，将现有客户分为不同的等级，以便于对客户进行渠道管理、销售管理和货款回收管理。

（2）客户路序分类

为便于销售代表巡回访问、外出推销和组织发货，首先将客户划分为不同的区域，然后再将各区域内的客户按照经济合理原则划分出不同的路序。

6. 客户构成分析

利用各种客户资料，按照不同的标准将客户分类，分析其构成情况，以从客户的角度全面把握本企业的营销状况，找出不足，确定营销重点，采取对策，提高营销效率。客户构成分析的主要内容包括：

（1）销售构成分析

根据销售额等级分类，分析在企业总销售额中，各类等级的客户所占比重，并据此确定未来的营销重点。

（2）商品构成分析

通过分析企业商品总销售量中各类商品所占比重，以确定对不同客户的商品销售重点和对策。

（3）地区构成分析

通过分析企业总销售额中不同地区所占的比重，借以发现问题，提出对策，解决问题。

（4）客户信用分析

在客户信用等级分类的基础上，确定对不同客户的交易条件、信用限度额和交易业务信用处理办法。

（5）客户信息库管理应注意问题：

- 客户信息库管理应保持动态性，不断地补充新资料。
- 客户信息库管理应重点为企业选择新客户，开拓新的国际市场提供资料。
- 客户信息库管理应"用重于管"，提高信息库系统的质量和效率。
- 客户信息库系统应由专人负责管理，并确定严格的查阅和利用的管理办法。

1.8 客户资料保密制度

1. 总则

（1）为维护公司权益，保守公司商业秘密，特制定本制度。

（2）公司保密工作实行既确保秘密又便利工作的方针。

（3）公司商业秘密是关系公司权利、依照特定程序规定、在一定时间内只限一定范围的人员知悉的事项。

（4）公司附属组织和分支机构以及员工都有保守公司秘密的义务。

（5）对保守公司秘密与客户资料信息成绩显著的部门或者职员实行奖励。

2. 保密范围和密级确定

（1）客户资料秘密包括：

- 公司与客户重要业务的细节；
- 公司对重要客户的特殊营销策略；
- 本公司主要客户的重要信息。

（2）商业秘密的密级分为"秘密""机密""绝密"三级。

- 秘密是一般的公司秘密，泄露会使公司的权利遭受损害；
- 机密是重要的公司秘密，泄露会使公司的权利遭到严重的损害；
- 绝密是最重要的公司秘密，一旦泄露会使公司的权利遭受特别严重的损害。

（3）公司秘级的确定：

- 公司一般业务往来的客户为秘密级；
- 公司重要业务往来的客户为机密级；
- 公司经营发展中，直接影响公司权益的重要客户资料为绝密级。

（4）属于公司秘密的资料、文件，应当依据本规定标明密级，并确定保密期限。保密期限届满，自行解密。

3. 保密措施

（1）对于密级的文件、资料和其他物品的保密，应采取以下措施：
- 在设备完善的保险箱中保存；
- 非经总经理或主管副总经理批准，不得复制和摘抄；
- 收发、传递和外出携带，由指定人员负责，并采取必要的安全措施。

（2）属于公司秘密的设备或者产品的研制、生产、运输、使用、保存、维修和销毁，由公司指定专门部门负责执行，并采用相应的保密措施。

（3）具有属于市场秘密内容的会议和其他活动，主办部门应采取下列保密措施：
- 选择具备保密条件的会议场所；
- 根据工作需要，限定参加会议人员的范围，对参加涉及密级事项会议的人员予以指定；
- 依照保密规定使用会议设备和管理会议文件；
- 确定会议内容是否传达及传达范围。

（4）在对外交往与合作中需要提供客户资料的，应当事先经总经理批准。

（5）不准在私人交往和通信中泄露市场秘密，不准在公共场所谈论市场秘密，不准通过其他方式传递市场秘密。

（6）公司秘密的文件、资料和其他物品的制作、收发、传递、使用、复制、摘抄、保存和销毁，由总经理办公室或主管副总经理委托专人执行。采用电脑技术存取、处理、传递的公司秘密由电脑部负责保密。

（7）公司工作人员发现市场秘密已经泄露或者可能泄露时，应当立即采取补救措施并及时报告总经理办公室。总经理办公室接到报告后，应立即做出处理。

4. 责任与处罚

（1）出现下列情况之一者，给予警告，并扣发工资50元以上500元以下：
- 已泄露秘密，但采取了补救措施的；
- 泄露秘密，尚未造成严重后果或经济损失的。

（2）违反本制度规定的其他秘密内容的。

出现下列情况之一的，予以辞退并酌情赔偿经济损失：
- 利用职权强制他人违反保密规定的；
- 违反保密制度规定，为他人窃取、刺探、收买或违章提供公司商业秘密的；

● 故意或过失泄露公司重要客户资料，造成严重后果或重大经济损失的。

5．附则

本制度规定的泄密是指下列行为之一：

（1）使公司市场秘密与重要客户信息超出了限定的接触范围，而不能证明未被不应知悉者知悉的；

（2）使公司市场秘密与重要客户信息被不应知悉者知悉的。

1.9　客户资料管理表

公司名称			电话		传真	
地　　址					邮编	
企业类型			注册资金			
营业内容			内销　　%；外销：　　%			
客户概况	内外销对比					
	营业性质					
	信用状况					
	营业状态					
	员工人数					
	淡旺季分布					
	最高购买额/月					
	平均购买额/月					
主要人物概况	姓名	职务	电话	性格特点		嗜好
使用本公司主要产品						
首次交易时间						
备注			总经理	经理	主管	制卡

1.10 客户销售资料一览表

年　月　日

客户编号						
产品编号						
经营性质						
优先等级						
详细地址						
部门主管						
经办人						
联系方式						

销售业绩								
	上年度	1						
		2						
		3						
		4						
		5						
		6						
	下年度	7						
		8						
		9						
		10						
		11						
		12						

1.11 客户分布状况一览表

年度摘要	地区	客户数量	销售量		备注
			金额	比率	

说明：1. 此表用于客户数量统计。
　　　2. 此表反映了客户各地区分布情况。

1.12 客户业务种别一览表

类别	代号	名称	1	2	3	4	5	6	7	8	9	10	11	12	合计
一般通路	1	商场													
	2	连锁便民商店													
	3	地区超市													
	4	连锁超市													
	5	仓储式超市													
	6	连锁面包店													
餐饮通路	7	连锁餐厅													
	8	饭店													
	9	大型娱乐场所													
封闭通路	10	学校													
	11	交通航站													
	12	机关福利社													
	13	风景点													
	14	单位统购													
	15	其他													
批发通路	16	经销商													
	17	大批													
	18	小批													
	19	批发市场													
		合计													

1.13　历年客户营业额统计表

客户名称	××年			××年			××年			××年			××年		
	销售金额	%	排名	销售金额	%	排名	销售金额	%	排名	销售金额	%	排名	销售金额	%	排名

1.14 客户地址分类表

地区：　　　　　　　　　　　　　　　　　　　　负责人：

项次	客户名称	地址	经营类别	不宜访问时间	备注

访问路线图

1.15 客户路序分类表

编号				编号				编号			
区域			区	区域			区	区域			区
路序				路序				路序			
级别				级别				级别			
客户代码				客户代码				客户代码			
级别				级别				级别			
客户代码				客户代码				客户代码			
级别				级别				级别			
客户代码				客户代码				客户代码			
级别				级别				级别			
客户代码				客户代码				客户代码			

1.16　客户行为资料表

客户	购买时间	购买地点	购买过程	购买数量	购买行为	商品使用概况

1.17　现在、过去和将来顾客情况分析表

	哪些人			向我们买什么	不可能买什么	能推荐哪些顾客	
现有顾客	名称	地址	电话 采购员及主管姓名	产品	数量	子公司	朋友、亲戚
	哪些人			为什么失去	如何挽回	能买什么产品	
过去顾客	名称	地址	电话 采购员及主管姓名				
	哪些人			怎样才能向我们订货	不可能购买什么		
将来顾客	名称	地址	电话 采购员及主管姓名	他们需要什么	能满足他们的需要吗？		

1.18　客户信息日报表

　　　　　　　　　　　　　　　　　　　　　　　　　　　年　月　日

| 编号 | 客户名称 | 余额 ||| 态度 | 信用度 | 日记账 || 累计 |||
||||赊销余额|未决算余额|总债权余额||||收支金额|销售净额|收支金额|销售金额|折扣金额|销售净额|

（表头列：编号 | 客户名称 | 赊销余额 | 未决算余额 | 总债权余额 | 态度 | 信用度 | 收支金额 | 销售净额 | 收支金额 | 销售金额 | 折扣金额 | 销售净额）

1.19 客户情况日报表

年　月　日

客户名称		编号	
地址		等级	
项目	状况		其他说明
销售			
毛利			
购入			
本公司采购			
库存			
付款			

1.20 销售收入月报表

月份

日期		订单号码	客户	销货名称	数量	单价	金额	说明				备注
月	日							现销	应收	单据	兑现	
合	计											

审核: 　　　　　　　　　　　　　　　　　　填表:

1.21 客户分析表

年度　　　　　　　　　　　　　　　　　　　　　　　　　　产品类别

客户＼产品	产品1	产品2	产品3	产品4	产品5	产品6	产品7	合计
合　计								

1.22 营销点客户分析表

营销点名称	月销售量	较上月变化	变化原因	应对措施
（地区一）				
（地区一）				
（地区一）				
（地区一）				
（地区一）				
（地区一）				
（地区二）				
（地区二）				
（地区二）				
（地区二）				
（地区二）				
（地区二）				
（地区三）				
（地区三）				
（地区三）				
（地区三）				
（地区三）				
（地区三）				

1.23 市场区域分析表

地区	市场指标				客户构成比率	偏差率	销售构成比率	偏差率
	人口	占有数	车台数	平均				

1.24 客户价值观表

顾客名称 (客户名称)		主要负责人 名　　称		负责人 名　　称
主要负责人	对部门方针、自己的观念的坚持程度	对营业人员哪种特点比较看重		看重商品哪一方面特征
负责人				
主要负责人	影响决定的主要因素	受上司、关系户的影响		其他影响因素
负责人				

1.25　客户统计表

产品	地址	客户数	销售数	%	平均每家年销售额	第一名 名称	第一名 金额	第二名 名称	第二名 金额	第三名 名称	第三名 金额

说明：1. 此表登记由各区汇总资料统计出来的结果。
　　　2. 反映了客户的等级。

1.26 客户资料简表

|直接客户|　　　　　　　　　　　　　　　页次_____

客户名称：_____

客户地址：_____

负 责 人：_____

主要经营项目：_____
_____
_____

主要联络人：_____

估计资本额：_____

估计营业额：_____

年　度	年	年	年	年	年
营业额					

与本公司业务往来状况：
_____

交易金额记录

年　度	年	年	年	年	年
营业额					

建卡日期：

1.27 客户资料详表

					年 月 日
公司概要	名称			负责人	年 月 日
	住址			电话	
	行业		资本额 万元	结算月	月
	设立	年 月	上市 年 月	从业人员	名
	年盈利	万元	往来银行		银行 分行

内容构成	资产状况（客户）			付款条件			交易注意事项	
		借	公司所有	老板所有	截止日	每月 日	休假日	日
					付款日	每月 日	洽谈日期	日
	地产				现金	%汇入 收款	账单、送货日期	日
					期票	%汇入 收款		
	建筑物数量				票据支付期限	日	评估步骤	有（%）无
					开票日期	支付日 其他（ ）	传票、送货单、账单	有·无
	设备				付款银行		备注	

1.28　客户资料卡

县市别	县市	乡镇	区	分类	百货公司　电器行　唱片行　音响店			编号	
					录影社　　工厂　　ＰＡ　　其他				
商号			统一编号		店面	□自有 □租用	面积	车辆	台
电话			往来日期	年月日	店面	主要商品	□原装□台制□冷气□冰箱□洗衣机□彩色电视□录影机		
							□收录音机□音响□小家电□唱片□灯饰□PA		
地址						音响厂牌	□无□有　请列：		
资本额		组织	登记日期	年月日		布置	□整齐□别具风格 □佳□尚可□差	POP	□佳□少数□无
负责人		出生 年 月 日	年龄	□已婚 □未婚		销售对象	现金　%　分期　%□流动人口□当地顾客 □展示		
地址						总评			
实际经营者	名称		经销厂牌		店员	人数	总计__会计__业务__技术员__送货__司机__		
	电话					向心力	□佳□尚可□差	推销实力	□佳□尚可□差
	住址					敬业精神	□佳□尚可□差	待遇	□佳□尚可□差
	经营者	出生年 月 日	年龄 岁	□已婚 □未婚		交易条件	结账账目　票期　现金　%		
	住址					信用分析			
	参加社团		嗜好		1. 负责人或经营者：				
业务接洽			地理位置		2. 财务分析：				
付款接洽									
往来银行					3. 销售实力：				
信用额度	核定	万元			4. 同业间地位：				
	主管	万元							
	业务	万元			5. 其他：				
填卡									

（正面）

续表

年	月/日	动态资料	业务主管	年	月/日	动态资料	业务主管

业绩统计	年度					
	上半年					
	下半年					
	合计					
	%／名次					
阅览	签名					
	日期					

注：动态资料包括：公司名称组织、形态变更、各厂牌关系的变化、资金周转来源、财务能力的重估等。

（反面）

34

1.29 客户管理卡

年 月 日

公司名称：			编号 NO.		分类：ABCD	
			总裁	经理 部长	科长 股长	承办人

主要业务		销售合同	已签订 正签订 尚未签订
总部		电话	
分公司		电话	
法人代表	从业年限	出生年月	年 月 日
业务银行		注册资金	万元
资金状况	充足 一般 不足 紧张	成立时间	年 月 日
信用状况	高 一般 低 很低	成立年限	年
在同行中的地位	超一流 一流 居中 末流	职工人数	男 女 合计
销售量（月）	万元	库存量	万元

不动产	分类	土地			建筑物			
		面积(m²)	自有	租赁	面积(m²)	层数	自有	租赁
	总部							
	分公司							

摘要			公司名	商品	占有率	公司名	商品	占有率
近半年每月平均收支		采购						
销售额	万元							
成本	万元							
管理费·销售费用	万元							其余 家
营业利润	万元	销售						
利息支付·折旧	万元							
损益额	万元							
盈利率	万元							其余 家
月交易限额	万元	累计	万元	过去有无迟付(有、无)				
交易条件	日结算 日支付 现金 支票 汇票		支付状况	良好 一般 较差 极坏	货款回收方法	现金 % 支票 % 汇票 % 其他 %	回收状况	良好 一般 较差 极坏

1.30 客户使用卡

年　月　日制

	名称				负责人	年　月　日	
公司概要	住址				电话		
	行业			资本额　　万元	结算日	年　月　日	
	设立	年　月		创业　　年　月	从业人员		名
	年　月		万元	往来银行	银行　　　　分行		

	资产状况（客户）			付款条件		交易注意事项	
内容构成		借	公司所有	老板所有	截止日	每月　　日	休假日	日
					付款日	每月　　日	洽谈日期	日
	土地坪数				现金	%汇入　收款	账单、送货日期	日
					期票	%汇入　收款	评估步骤	有（%）
	建筑物坪数				票据支付期限	日	传票、送货单、账单	有·无
					开票日期	支付日其他（　）		
	构造				付款银行		备注	

续表

	主要商品项目	IS		IS		IS		IS	
本公司与竞争者交货比较									
	其 他								
	合 计								

行业		系列			(协会)组合			(挂靠单位) 有·无 上层团体		
主要营业项目		%	主要销售地点		公司	项目	%	公司	项目	%

负责销售人员	自 年 月至 年 月	以前	姓名
	自 年 月至 年 月	现在	姓名
	自 年 月至 年 月		

37

第 2 章

客户分级管理必备制度与表格

2.1 客户分级和关系维护图

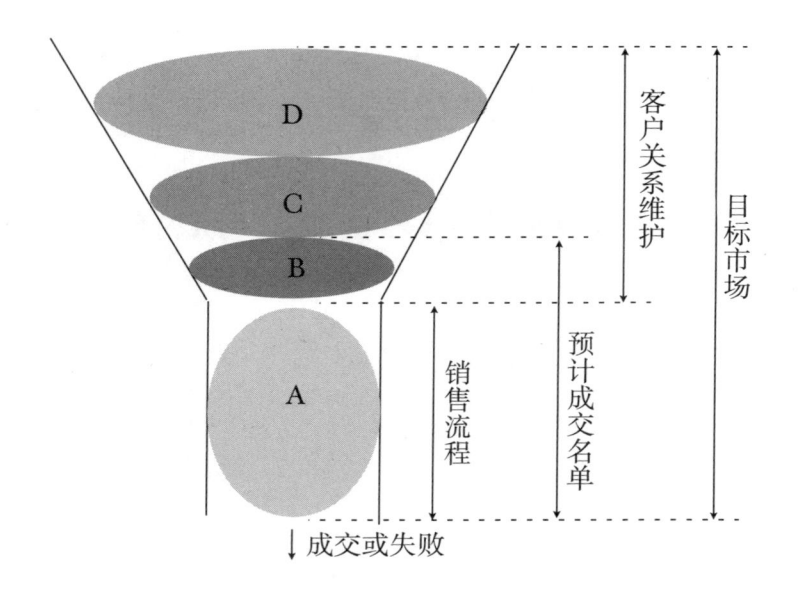

2.2 大客户管理制度

1. 大客户关系发展的类型

普通大客户：这类大客户是由大客户经理与采购方的 PMU（决策单位）的关系来组成的，主要是一些小值易耗的行业，像文具零售企业。

伙伴式大客户：这类大客户涉及的双方人员比较多，包括双方的财务经理、物流经理、销售经理、总经理等由下而上的在成本核算等领域的多方面合作。

战略性大客户：这类大客户涉及的人员和组织是彻底的，从最基层的销售员、采购员到高层的 CEO、董事长，并且会成立不同部门的联合小组，包括产品研发联合小组、财务联合小组、市场营销联合小组、董事会联合会议等等渗透性的供求关系，而且会有专门独立的合作办公室。

2. 大客户部在公司的地位

大客户部在公司的地位高低主要取决于公司对大客户开发和维护的决心，大客户部却因为掌握着关系企业生存命脉的顾客而显得更为重要。源于大客户的管理和普通客户的管理是不同的，所以这个部门经常独立于营销体系中的区域管理制度，直接归属总经理或成立大客户事业部的总经理管理，大客户部在和公司其他如财务、物流、市场、采购等部门的沟通协调中将享有特权，然而这正是众多已经设有大客户部的公司所做不到的，在这一方面没有给以充分的权利，这样的大客户部也是名存实亡的，在花费了前期相当多费用的同时，大客户部却没有实际的权利，没有发挥出最佳的价值，这也正是大客户管理最致命的问题。如果一个大客户部经理负责着公司 25% 的收入来源，那他期望在公司得到较高的地位和报酬也就不会令人吃惊了，现在大客户经理流行的报酬体系都是底薪和佣金各占一半，根据行业、公司的大小和该部门在公司的重要程度，其底薪差别也很大。大客户部在公司的组织架构也出乎很多人的意料，下面列举一个集团公司大客户部在组织中的地位是什么样的图例。（如图 2－1）

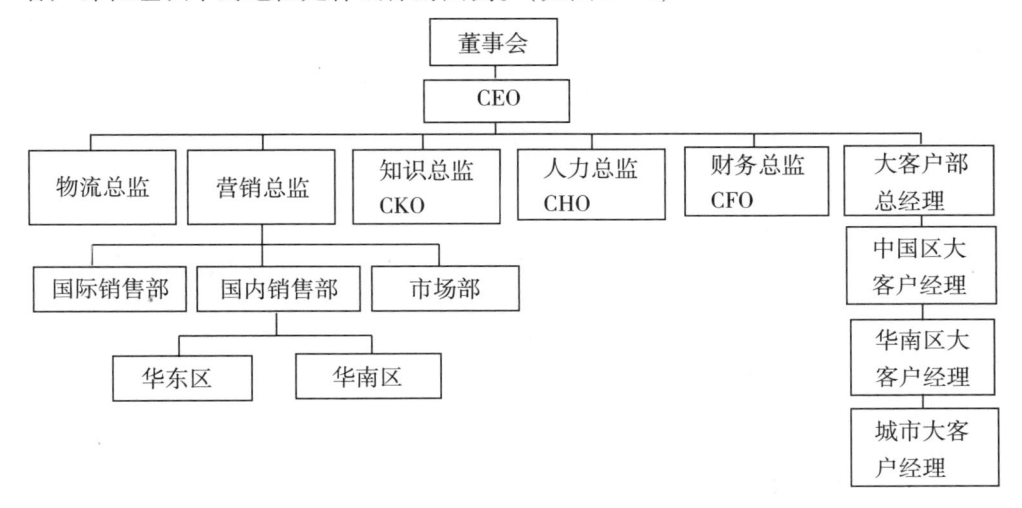

图 2－1 大客户部在组织中的地位

3. 大客户部的成员组成

大客户部的工作不论是在工作量上还是所涉及的知识范围都是相当广泛的，所以其成员要求都是某一领域的专家，其成员包括首席谈判家、法律顾问、财务专家、高级培训师、技术工程师、大客户开发经理、市场调查分析员、客户服务专员等等。

4. 大客户部经理应具备的素质

以上对理想大客户部经理的描绘是现在"不可能达到的"，但最基本的知识必须具备，我们分别从不同的角度来看这个问题。首先，对客户而言，客户需要大客户经理对客户本身的经营状况、赢利方式要有绝对的了解，同时还要有相当强的沟通能力。再就是产品知识丰富，业务知识全面，他们期望大客户经理有能力和其高层沟通并提出建议性的设想，并有能力推进合作，经研究，如果购买方认为大客户经理在其企业中缺乏权威，无法决策问题，那么他们将不愿意和这样的企业有更深层次的合作。并且，对企业来说，大客户经理首先要忠诚于企业，要有很强的销售谈判能力，在整体的战略思考、管理计划、行政组织能力上要更胜一筹，对于产品知识和培训能力也有一定的要求，最后是能够知悉法律、财务的基本知识。

5. 大客户的档案管理

（1）基本信息：包括客户公司电话、地址、传真、电邮、采购员、采购经理、采购总监、财务总监、销售经理、配送经理、总经理、董事长等各层次人员的权限、联系方式、性格、爱好等基本信息。

（2）重要信息：包括客户集团组织架构、公司发展历史、经营目标、发展方向、产品定位、销售状况、客户的竞争对手状况、客户的供应商状况、客户的资源及客户状况，企业所提供的产品销售有多少、竞争对手有多少、利润如何等。

（3）核心信息：企业的计划和提供的策略，并检查其效果以便随时改正。

（4）过程管理信息：包括所有的谈判记录、谈判参与人的身份，我方在谈判过程中的回答，下一步的策略，客户产品的订购、库存增降情况的记录。

6. 大客户谈判技巧

可以说，销售谈判的成功与否意味着生意的成交与否，前面所做的所有工作都可能因为谈判的失败而导致全盘皆输，所以谈判技巧就显得无比重要了，通常而言，传统的会谈过程包括开场白（寒暄）、产品特征描述、开放和封闭的问题、异议处理、收场白技巧（无数次的要求或暗示客户签单）。这一会谈模式风靡了整个20世纪，然而，不幸还是提前来了，顾客的购买越来越理性，而且压价水平越来越强，这种针对小生意的谈判自然就无法再有效服务了，就谈判来说，最少可以当做一篇文章来写，这里就简单地说一下谈判过程中的四个主要方面：

（1）初步接触

包括自我介绍和怎样开始会谈的方法，其实开场白的好坏和大客户的谈判成功与否没有很重要的联系，但也不能轻视，这里需要注意四点：

①解决你是谁？你来这里干什么？你的目的？

②问合理的背景问题（不谈产品）。

③尽快切入正题：在时间比什么都重要的现代社会，谁还有时间在上班时候和你寒暄？何况说太多无关紧要的话只会让你谈正经生意的时间更少，这是新销售员最容易犯的错误。

④不要在还没有了解你的客户时就拿出你的解决方法。当你还不了解你客户的现状和需求时，就告诉客户"我能帮你做什么"，那除了是骗人还是骗人，而且这是最容易引火烧身的一种做法，那就是听到可怕的异议（尤其是价格异议）。

（2）了解客户，挖掘明确需求

几乎所有的生意都是要通过提问的方式来了解客户的，在所有销售技巧中，了解客户可谓是精华中的精华，在大客户的会谈中更是至关重要。顶级的谈判专家曾做过研究，所有成功的销售都是了解客户的工作占70%，销售签单的工作占30%，而失败的销售刚好相反。了解客户并挖掘明确需求的提问技巧主要有以下四种：

①问背景问题：目的是找出客户现在状况的事实，比如"贵公司有多少人？""贵公司的销售（使用）额是多少？"。建议事先做好准备工作，去除不必要的问题。

②问难点问题：目的是找出客户现在所面临的困难和不满。比如"贵公司的复印机复印速度会不会太慢？""你的打印机是不是经常要维修？"。建议以解决客户难题为导向，而不是以我们的产品和服务做导向。

③问暗示问题：目的是找出客户现在所面临困难所带来的影响。比如"打印机老是出错会增加您的成本吗？""复印机的速度太慢会影响你的工作效益吗？""碎纸机的声音会影响你们工作吗？"。建议问这样的问题之前请先策划好，而不会让人觉得生硬而影响效果。

④问利益问题：目的是让客户深刻地认识到并说出企业提供的产品/服务能帮他做什么。比如"比针式打印机更加安静的激光打印机对你们有什么帮助吗？""如果每天可以减少50P的废纸量，能让你们节约多少成本"等。建议问

的问题要对客户有帮助性、建设性，并一定要让客户亲口告诉你提供的产品/服务的利益所在。

（3）证明能力，解决异议

证明你的策略对客户是有帮助的有三个方法：

①特征说明：描述一个产品/服务的事实。如"我们有40个技术支持人员和5辆配送车"。

②优点说明：说明一个特征是如何能帮助客户的。如"我们专业的维修人员可以减少机器故障的出现"。

③利益说明：如"我们可以提供像你所说的每周六送一次货"。这个利益说明可以防止异议的出现，而不是必须"处理"异议；还可以令会谈人员为你在其公司内部帮助销售（真正的销售是客户企业内部进行的!）；最重要的是能赢得会谈人员对你策略的支持或证实。建议在证实能力之前，要先完成前面的"了解客户并挖掘明确需求"阶段，而且让客户表达出你能满足他的明确需求。这里有几点是要说明的：异议并不是购买信号，我们接到的异议越多，我们的成功就越渺茫，而且大部分异议都是由销售方自己造成的，更多的异议是由于销售方在不知道客户的明确需求时过早地拿出自己的策略的缘故。

（4）总结利益，得到承诺

最后应该把当天的会谈内容做个总结，在小生意中便可要求客户签单了，像文具这个行业，通常是一次两次的会谈就知道销售是否成功，而大客户则不是，经常出现的问题是，没有成功也没有失败，只是暂时的不成交，前面说过，因为成交的金额比较大，采购汇报程序也比较复杂，但每次都可以更进一步得到你想要的，比如"举办一个产品演示会或做一次培训"，"和上一层的领导见面"。这一阶段，通常称为"得到进展"。

7. 大客户管理的未来

从以上内容可以看出，所谓做销售、做管理，其实就是做"细节"，在不久的将来大客户管理将在企业营销中占有重要地位。然而，这一大客户管理也不是所有的企业都适合的，但不可否认的是大客户管理将会在超大型的联盟或企业里占据着统治的地位，随着市场经济的发展，大客户管理慢慢地会由原来的"客户关系管理"转变到"客户行为价值管理"——"是指客户为企业带来的利润，可以由客户在某一领域或时间内的合作产生，主要体现在客户的收入构成，客户在你这里采购（经销）所花的钱占其总采购（经销）的比例是多少，客户和你合作时间有多长"，买方和卖方会更加紧密地协同合作，以便使整个供应链条得到更好的提升。这种合作不仅是在本企业的内部，而且会不断地以不同方式在各个关联公司部门里产生，现在的竞争也已经不是企业和企业的竞争了，而是涉及整个供应链和资源整合的竞争。买方和卖方的身份区别将变得不再重要，而最终会被"客户行为价值管理"所取代。我们应该对大客户管理充满信心，这是成本竞争的结果。

2.3 客户服务及管理步骤

1. 客户服务部规章制度

班长职责范围：

（1）班长必须热爱本职工作，有着为大家服务及奉献的精神。

（2）急用户所急，帮用户所需，认真完成领导交办的各项任务。

（3）当班班长必须对当天所有座席代表工作情况负责任。

（4）认真做好每日话务情况的统计，每天要定量监听其他座席代表的来电情况，发现问题及时上报。

（5）带领本班人员认真搞好卫生工作。

座席代表手册：

（1）不允许工作人员迟到、早退。

（2）任何人不得在工作平台系统中的微机上进行无关的其他操作和人为造成故障，任何人未经允许不得越权操作系统。

（3）当班期间不得擅自离岗，或不接听电话。

（4）当班期间，不允许打私人电话。

（5）当班期间不允许私人闲聊、吃零食、织毛衣、睡觉、看杂志等与工作无关的事情。

（6）不允许在机房内吃饭，卫生区必须保持整洁。

（7）不允许在工作场所吵架，大声喧哗，扰乱工作秩序，不允许传闲话影响团结。

（8）除每月允许调换的一个班次外，未经总经理同意，不允许擅自调班、替班、倒班、换班。

（9）每日不允许提前交班。

（10）工作时，必须使用普通话。

（11）值机中不允许私人通话相互闲谈。

（12）责任卫生区必须保持清洁，发现脏乱必须及时整改。

（13）积极参加网络事业部举行的各项政治、业务、安全学习及交接班会。

（14）在机房内不得使用明火或其他电器。

座席代表培训计划：

为了提高座席代表服务质量，保证我公司能向用户提供最优质的服务，将对座席代表进行各项业务的培训。

（1）座席代表的语气、语调，用语培训：

①语气：从接机到挂机的过程中，要语气轻柔、亲切、热情、自然。

②语调：查询过程中尽量采用征询对方意见的口吻。

③用语：除了严禁使用反面用语，尽量使用正面言词之外，还要推广礼貌用语如"您，请，对不起，请稍等，谢谢，再见"等。

④说话时话语要诚恳、谦虚、遇到不讲理的用户必须冷静、理智、机智。

（2）对114查号业务的培训：

①摘机速度：从用户呼叫到应答不得超过三声。

②查号速度：从用户查号开始到查号结束不超过3秒。

（3）其他业务的培训：

比如，汉字输入能力的培训。

2. 实施重点客户管理的步骤

（1）考评指标体系

建立一套考评指标体系对公司的客户做出全面的评估，并进行综合打分，找出重点客户。

（2）收集信息，要对客户进行全面的分析

如客户所处的行业和市场现状等方面的信息，结合客户的战略和企业的实际情况，企业的组织结构和管理体系，客户历年的经营业绩和发展方向等各种客户的情报，对客户进行SWOT分析。找出工作的优势和劣势，制定管理的关键环节，提升重点客户管理水平。

（3）分析你的竞争对手

弗雷德里克在《给将军的教训》一书中，这样写道："一个将军在制定任何作战计划的时候都不应过多地考虑自己想做什么，而是应该想一想敌人将做些什么；永远不应该低估他的敌人，而是应该将自己放在敌方的位置，正确估计他们将会制造多少麻烦和障碍。要明白如果自己不能对每一件事情都有一定的预见性以及不能设法克服这些障碍的话，自己的计划就可能会被任何细小的问题所打乱。"所以重点客户经理应该有这样一个思想观念，正确对待竞争对手。

（4）分析你自己公司的状况

重要的是分析公司与客户之间目前的关系和业务活动。公司与客户过去的关系如何？曾提供过什么产品和服务？现在提供的是什么？客户原来和现在的销售记录和发展趋势，占有的比例的变化情况如何？公司的业务人员与客户的关系如何？建立了什么关系类型？这些因素都是应该考虑的。

（5）制定客户管理战略

制定客户计划的主要目的在于确定希望与该客户建立发展什么样的关系以及如何建立发展这种关系。制定一份适当的客户计划是取得成功的第一步。与客户共同讨论自己的客户发展目标，与客户建立起一定的信任关系。共同制定一个远景目标规划，确定好行动计划。

2.4 重点客户招待会实施制度

1. 招待会的目的

（1）热情问候以增进感情。

（2）感谢与致歉。

（3）了解客户需求信息，听取客户意见。

（4）向客户介绍新产品，以促使其订货经销。

2. 出席者

本公司的主要客户、总经理或副总经理、相关经理、业务骨干人员。

3. 日程安排

（1）时间：××年×月×日×时开始。

（2）地点：本公司会议室。

（3）主要内容：

● 营销经理致欢迎辞。

- 与会者参观成品仓库的主要生产车间，可分组分头参观。
- 新产品介绍与演示。
- 晚宴招待。

4. 会务工作

（1）事先向客户发出请帖，并电话确认是否应邀。

（2）在客户到达后，向每人发放胸卡，来宾、总经理的胸卡在大小或颜色上应区别于其他出席者。

（3）向来宾发放有关资料。

5. 宴会程序

（1）宴会由营销经理致欢迎辞开始。

（2）然后总经理讲话和来宾讲话（事先指定）。

（3）本公司人员由主持人介绍；来宾自我介绍。

（4）宴会座位安置可以依以下三点确定：

- 销售额的高低。
- 业务关系的长短。
- 与公司关系的深浅程度。

（5）宴会活动及结束：

- 宴会期间安排客户娱乐项目。
- 当来宾尽兴后，结束宴会。
- 向来宾赠送有纪念意义的小礼品。

2.5 单个客户管理办法

1. 目的

为实现本年度销售网络建设规划，优化网络结构，增加经销商经营的决心，在本公司产品年营销政策的基础上，特制定本管理办法。

2. 客户选择

（1）区域指定批发商的选择，主要考虑批发商的经营规模、分销网络、组织管理状况、资金实力、财务状况、银行信誉等级等。

（2）区域零售商的选择，主要考虑零售商地点、在当地零售业中的地位、客流量、经销同类产品的品牌情况、同行口碑、价格规范性等。

各分公司可根据本区域市场状况，参考以上选择项目，制定规范性的文件，由分管业务员完成后分析、选择客户。

3. 客户资料管理

各分公司对现有的客户制定客户档案，客户档案的内容如下：

（1）客户资料及其他资料

客户资料：对客户的基本情况的记录，内容有客户类别、名称、地址、联络电话、单位编号、赊销额度、企业性质、经营规模、新建时间、信用级别、对本公司的忠诚度等。

其他基本资料：营业执照复印件、协议书、补充协议书、各项证明等。

（2）客户特征资料

资金实力、发展潜力、经营观念、经营方向、经营政策、内部管理状况、企业文件、经营历史等。

（3）业务状况资料

财务表现、销售变动趋势、经营管理人员及业务员的素质品行、与其他竞争对手的关系、与本公司的业务关系及合作态度等。

（4）公关资料

客户周年庆典情况，企业内部决策层，权力分配体制和状况，负责人的性别、兴趣、年龄、工作经历、作风、家庭状况、社会关系情况，最适合的激励方式和激励程度等。

4. 客户访问

对所有的现有客户，分公司应组织、指导、督促、检查业务人员开展拜访并做好记录，访问应以合理的频度定期进行。

5. 销售状况管理

各分公司根据与客户所签订协议的目标销量，每月进行分析，填写分公司客户销售状况分析表。

6. 总部管理及评估

单个客户管理工作原则上由各分公司具体执行，销售部负责对各分公司不定期进行审核，必要时会作出相应奖罚。

2.6 潜在客户分级及管理

1. 潜在客户分级管理

（1）新的潜在客户

推销员要经常努力去发掘新的潜在客户。不管拥有多少好的潜在客户，如果不能增加新的潜在客户名单，则虽目前的客户尚能维持一段时间，衰退不致立即显现，但推销活动迟早会停顿下来。因此新客户的开拓是非常重要的。

（2）过去的客户而现在没有往来的人

如果你想成为顶尖的推销家，即使是已断绝往来的老客户，你也要将他当成重要的潜在客户。调查清楚这些客户交易中止的原因，并研究对策，使之能与自己恢复交易。推销员所应具有的态度，乃是这种锲而不舍的热情。

（3）因某些原因而不愿购买产品的人

这类客户与第二类相似，但实际上情况比第二类好些。因为这些人具有购买力，要再促使他们交易并非难事。

（4）现在的客户

你必须将现在的客户也当成潜在的客户。当想促使现在的顾客增加其用量，或是有商品的新使用法等，把现在的客户当成潜在客户，和去寻找新的潜在客户及重新唤回老客户，在意义上是相同的。因而，我们与现在客户的关系应该发展得更深更广。

2. 潜在客户分级定义

（1）客户分级的定义——A类客户（有机会在3个月内成交）

未信息化者：已经开始进行选型工作，以便展开信息化的潜在客户。

已信息化者：已经开始进行选型工作，以便将现有系统更换或扩大目前信息化范围的潜在客户。

（2）客户分级的定义——B类客户（有机会在4~6个月内成交）

未信息化者：肯定信息化的必要性，但必须等某些具体事情完成或定案后，才会真正进行选型工作的潜在客户。

已信息化者：目前软件使用状况满意而且维护也没有问题的潜在客户；刚完成合同签署、设计或实施工作正进行中的潜在客户；自主开发设计，设计工作正进行中的潜在客户。

（3）客户分级的定义——C类客户（有机会在7~12个月内成交）

未信息化者：明明行业及规模都该进行信息化，也肯定信息化的必要性，但因未觉需求的迫切或信心不足而没有采取行动的潜在客户。

已信息化者：使用状况很不满意，但还抱着希望的潜在客户；自主开发设计，原设计者已离职，使用者对系统功能虽不满意但仍勉强接受的潜在客户。

（4）客户分级的定义——D类客户（无法在12个月内成交）

未信息化者：明明行业及规模都该进行信息化，却否定信息化的必要性的潜在客户。

已信息化者：使用状况很不满意，经客户再三要求而无法改善其产品或服务的潜在客户；自主开发设计，原设计者已离职，软件虽仍在使用但维护已有困难的潜在客户。

2.7 危险客户判断方法

企业对危险客户的判断可以从客户的财务状况、组织环境以及经营者的具体经营表现等方面进行判断。

1. 财务状况

（1）银行依赖度与利息负担。

（2）自有资金与负债比率。

（3）惨淡经营，长期没有利润。

（4）设备投资过于庞大。

（5）开始着手投资新的设备。

（6）开始进行多角化的经营。

（7）库存过多，导致资金负担增大。

（8）收入少、开销多，导致资金负担增大。

（9）企业的经营年资短缺，变动要素过多。

（10）经常出现回收不易的呆账。

（11）经常出现以支票四处调现，弄得焦头烂额的景象。

（12） 呈现经营赤字不断增高的现象。

2. 组织环境

（1） 企业长期采取家族经营的形态，以致组织趋向老化。

（2） 员工数量过于庞大，呈现冗员充斥的现象。

（3） 虽然已经营数年，然而却无法开拓出第二家关系企业。

（4） 企业的经营缺乏战略特色。

（5） 销售技术太差，销售渠道的基盘也太弱。

（6） 业界的竞争趋向白热化，使得利润比率大为降低。

（7） 由于新的大企业投入，使得今后的经营陷入苦战。

（8） 由于都市结构的变迁，使得本企业地点的战略性锐减。

（9） 这个行业已步入夕阳企业之途。

（10） 由于类似替代产品增加，使市场呈现饱和化。

（11） 虽然经营时日尚浅，但却将多于兵，人事呈现叠床架屋的形态。

（12） 景气的好坏呈急剧变化的情况。

3. 经营者表现

（1） 事业扩展欲过强，无视企业经营的均衡原则。

（2） 做事缺乏计划性，过于孤注一掷。

（3） 动辄有意转业，缺乏长久经营的坚定信念。

（4） 缺乏长远的眼光，过去也没有经营成功的资历。

（5） 缺乏会计常识，没有数字观念，完全无视财务经营的原则。

（6） 对于公司的业绩及经营本行的冲劲不够。

（7） 缺乏对商品战略、地区战略的研究意向。

（8） 在穿着、办公室装潢及汽车上花费过于庞大。

（9） 在与公司业务无关的事务上任意挪用公款。

（10） 对本行业的专业知识掌握不足。

（11） 曾经倒闭或赖账。

（12） 为人过于霸道，公私不分。

（13） 对部属采取差别待遇。

（14） 不信任部属，猜疑心很强。

（15） 不指导、培育下属，许多事都揽着自己做。

（16） 每天很晚才到公司上班，对工作的努力程度不够。

（17） 为了荣誉头衔的事务或个人的嗜好活动而经常外出，荒废工作。

（18） 交际费非常高，挥霍无度。

（19） 缺乏虚怀若谷的心胸，执意不肯学习别家公司的优点。

（20） 以疾病为由经常向公司告假。

（21） 个性优柔寡断，领导能力不足。

4. 破产征兆

（1） 票据到期，却来电请求延期。

（2） 草率、毫不计较地以高价进货。

（3） 进货时的验收相当随便。

（4） 以票据向人抵押告贷。

（5） 对其他厂商的票据信用状况很差。

（6） 最近有变卖资产的事情。

（7） 与主要往来银行的关系恶化。

（8） 会计人员经常加班办事。

（9） 公司的重要干部间存在着对立的现象。

（10） 老板不经常到现场巡视。

（11） 公司里的人才不断离职。

（12） 公司的员工工作情绪低落。

2.8 客户总体分类表格

比例 类别					
年龄	18岁以下所占比例		18岁~60岁		60岁以上
性别	男性比例			女性比例	
地域	城市	乡村	东	南	西	北
消费额	低额比例		中额比例		高额比例
需求	生活资料需求			生产资料需求	
工薪	800元以下		800~2000元		2000元以上
喜好购货方式	摊点零购		市场批发		厂家批发

2.9 客户 ABC 分类表

序号	客户名称	上季度销售额	累计销售额所占百分比	经营水平	展示效果	忠诚度	所确定类别	备注
					好 中 差	好 中 差	好 中 差	
					好 中 差	好 中 差	好 中 差	
					好 中 差	好 中 差	好 中 差	
					好 中 差	好 中 差	好 中 差	
					好 中 差	好 中 差	好 中 差	
					好 中 差	好 中 差	好 中 差	
					好 中 差	好 中 差	好 中 差	
					好 中 差	好 中 差	好 中 差	
					好 中 差	好 中 差	好 中 差	
					好 中 差	好 中 差	好 中 差	
					好 中 差	好 中 差	好 中 差	
					好 中 差	好 中 差	好 中 差	

2.10　客户构成分析表

多少客户可占到公司销售额的80%	
主要客户（一级客户）名称	
客户每年人均（每户）访问次数	
如何使每位客户每年多访问一次	
在和客户交往中学到了什么知识（道理）	
怎样从客户处获得更多信息	
哪些客户对企业信息的提供很重要	
想知道行业最新进展时应找的客户	
怎样和各行业领导人接触（电话，上网）	

2.11 重点客户登记表

客户名称	负责人员	经营项目	年交易额	优惠产品及价格

2.12 重点客户对策表

公司名称	销售顺位	问题点	对策
扩大重要客户人数的基本方针			

2.13　重点客户排行表格

资料表

销售额的前 10 名			
顾客名称	销售金额	顾客名称	销售金额
1.		6.	
2.		7.	
3.		8.	
4.		9.	
5.		10.	

销售额的前 10 名			
顾客名称	利润率	顾客名称	利润率
1.	%	6.	%
2.	%	7.	%
3.	%	8.	%
4.	%	9.	%
5.	%	10.	%

目标达成率的前 10 名			
顾客名称	达成率	顾客名称	达成率
1.	%	6.	%
2.	%	7.	%
3.	%	8.	%
4.	%	9.	%
5.	%	10.	%

销售额成长率的前 10 名			
顾客名称	成长率	顾客名称	成长率
1.	%	6.	%
2.	%	7.	%
3.	%	8.	%
4.	%	9.	%
5.	%	10.	%

上年重点顾客的销售额排行		
上年的重点顾客	＊	顺位的背景
1.	/	
2.	/	
3.	/	
4.	/	
5.	/	
6.	/	
7.	/	
8.	/	

（注）＊栏的填写方法：去年被列为重点顾客的顾客，其销售额在营业员所负责的顾客中排行第几，以此排名为顺位的分母，另外所负责的顾客总数为分子记入，即为该顾客的顺位。

2.14 重点客户管理表格

填表人：　　　　　　　　　　　　　　　　　　　年　　月　　日

	销售额前 10 名		销售额增长率前 10 名		销售额利润率前 10 名	
	客户名称	销售额	客户名称	增长率	客户名称	利润率
1						
2						
3						
4						
5						
6						
7						
8						
9						
10						

重点管理客户	销售额目标	为何设定他为重点客户	实现目标的行动措施

总经理建议：

2.15 重点客户销售额分析表

单位：万元

顾客代码	销售额			提高率	顺位	上 下 判 定
	本　期	前　期	前二期			

2.16 主要客户营业分析表

外销	内销	客户名称	等级	购买金额	%	购买金额	%	购买金额	%	购买金额	%	购买金额	%	购买金额	%

2.17 非重点客户转重点客户评核表

公司名称	移动方向	问题点	对策

2.18 客户增减分析表

销售金额等级	直接客户家数				间接客户家数				直接客户销售额				间接客户销售额			
	原有	新增	删除	现有增加	原有	新增	删除	现有增加	原客户	新客户	本期销售	上期销售	原客户	新客户	本期销售	上期销售
万~ 万																
万~ 万																
万~ 万																
万~ 万																
万~ 万																
万~ 万																
万~ 万																
万~ 万																
万~ 万																
万~ 万																
万~ 万																
万~ 万																
万~ 万																
万~ 万																
万以上																
合 计																

2.19　固定客户交易对策表

公司名称	移动方向	问题点	对策

2.20 优良客户统计表

客户名称	主营项目	负责人	交易额	优惠产品	价格

2.21 特殊客户申请表

申请人：
负责客户类别地区：　　　　　　　　　　　　　客户数目：

厂商名称	负责人	经营项目	上年交易金额	本年预计金额	拟给予价格与产品	批示
				批示	审核	

2.22　问题客户对策表

公司名称	销售范围及所在位置	移动方向	问题点	对策

2.23 老客户交易对策表

客户名称	发展趋势	趋势分析	基本对策

2.24 危机客户评议表

	评议项目	是	不清楚	否
经营者	1. 不信任部属，猜疑心很重			
	2. 为人公私不分			
	3. 对部属采取差别待遇			
	4. 不按时上班，对工作的努力程度不够			
	5. 不对部属进行培训和指导			
	6. 为了个人的事情经常耽搁工作			
	7. 不注意成本的控制，挥霍无度			
	8. 学习意识不强，对其他公司的优点不屑一顾			
	9. 个性软弱，威望不足			
	10. 事无巨细，大权独揽			
组织和环境	1. 家族色彩很浓，官僚主义盛行			
	2. 冗员充斥，人浮于事			
	3. 多年经营毫无起色			
	4. 企业的发展战略比较模糊			
	5. 因竞争激烈而使企业的利润率大为下降			
	6. 新的投资使得经营陷入僵局			
	7. 销售渠道混乱，技术服务力量严重不足			
	8. 出现行业不景气状况			
	9. 市场呈现饱和趋势，但没有新产品推出			
	10. 经营时间不长，但已是机构臃肿			
	11. 随市场变化，企业出现急剧变化的态势			
经营表现	1. 做事缺乏计划性，过于孤注一掷			
	2. 扩展欲过强，无视企业经营的均衡原则			
	3. 缺乏长远经营的坚定信念，动辄打算转行			
	4. 没有经营成功的资历，缺乏战略眼光			
	5. 缺乏会计常识，没有财务核算观念，完全无视财务营运的原则			
	6. 对于公司的业绩及经营状况把握不准			
	7. 在穿着、办公室装潢及交通工具上花费过于庞大			
	8. 缺乏对商品、地区战略的研究			
	9. 对于本行业的专业知识不够			
	10. 任意挪用公款用在与公司业务无关的事务上			

续表

	评议项目	是	不清楚	否
财务状况	1. 自有资金过少，负债比率过高			
	2. 利息负债过重			
	3. 惨淡经营，长期没有利润			
	4. 设备投资过于庞大			
	5. 开始进行多元化的经营			
	6. 库存过多，资金负担增大			
	7. 经常出现回收困难的呆账			
	8. 经常出现因为支票调现而焦头烂额的状况			
	9. 收入少而开支日渐增多			
	10. 呈现营运赤字不断增大的现象			
破产征兆	1. 经常草率、毫不计较地以高价进货			
	2. 经常票据到期，却来电请求延期			
	3. 进货时的验收相当随便			
	4. 最近出现变卖资产的情况			
	5. 会计人员经常加班工作			
	6. 公司的重要管理部门存在着对立的现象			
	7. 公司员工不断离职而去			
	8. 公司员工情绪低落			
	9. 与主要来往银行的人际关系非常坏			

2.25 对危机客户的对策表

顾客的危险症状	自己所负责的顾客是否有这种情形？	今后应采取什么样的营业活动？
对方提出变更支付条件（支付日期、逃票等）的请求		
财务部负责人、管理阶层等熟悉财务内情的职员辞职且辞职理由不明确		
员工变动很大、很多管理阶层也相继离职		
兼管本行以外的事业且业绩很差		
营业部门的目标达成率非常差，业绩连续3年下降		
经营阵营持续出现没有人掌舵的情形，变更往来的银行，有奇怪的人士出入公司		
大幅度缩减经费，其程度甚至影响商业的进行		

第 3 章

客户关系维护管理必备制度与表格

3.1 客户维护管理制度

1. 客户拜访标准管理

（1）业务经理承担终端客户的巡访维护工作，应按公司规定着装，整理好个人仪表仪容，干净、整洁、健康、稳重和精干，以维护公司形象。

（2）业务经理应按公司工作目标及客户等级，制订具体拜访时间、客户巡访路线、频率、工作目标和解决问题的方案，同时填报《月度巡访计划表》。

（3）业务经理填报的《月度巡访计划表》须经办事处经理审核，办事处经理调整、补充和修改后批准执行。

（4）客户巡访工作中，业务经理要按客户填写《成功手册》对每日工作进行计划与总结，并交办事处经理检查，作为工作考核依据。

2. 客户维护内容

（1）业务经理应对各市场情况进行调查，监督有无窜货现象的发生。对经销商的经营情况进行了解，检查其是否执行最低零售限价。

（2）客情沟通方面，应加强和经销商的感情沟通，传递公司政策信息和经营理念，帮助经销商改善经营，解决实际困难。

（3）关心经销商产品销售情况，帮助其制定并分解月度销售目标，协助促销方案策划，组织促销实施及信息反馈，了解消费者的需求和意见。

（4）对经销商提供经营指导建议（包括其他经销商的好经验、帮助开拓下线经销网络或提供畅销品信息），帮助整理店面，改善样品展示效果。留意经销商店内营业员的导购能力与技巧，适时予以指导培训。

（5）加强对经销商订货与库存的管理指导，建立安全库存，指导其建立合理的进货频率与品种结构，以降低资金占用，加速资金周转。

（6）加强对工程客户的支持力度，必要时业务经理要协助经销商与买方的沟通，对于重大的客户，应及时向公司请示。

（7）每到一地，要积极搜集商品信息，分析当地市场的动态发展趋势，及时向上级反馈。

（8）针对非常事件的处理，客户经理要在维护公司根本利益的前提下，帮助经销商排忧解难。要根据事件的发展，及时向办事处经理请示汇报。

3.2 客户参与管理制度

在管理学中，有一种激励理论就是参与式管理，通过让员工参与管理来提高员工的士气，这种内部的激励原则同样可以运用到外部，让 VIP 客户参与企业的生产和管理过程可以极其有效地提高客户的满意度。波音公司在研发 777 机型时，请世界各地的航空公司和飞行员参与设计方案的讨论，各地收集来的有价值意见不下于 1 万条。

1. 请客户参与和见证

在企业进行重大的技术或者管理活动时，不要忘了请客户参与和见证活动过程。一方面使客户能够从自己的立场对企业提出要求，让企业一开始就将这种要求考虑到自己的产品中去，这样的产品面市后一般不太可能遭到客户拒绝；另外一方面客户感受到一种尊重和关怀，这种感受将换来长久的忠诚。

以空调企业为例，某企业每月组织一次质量改善会议，邀请全国重要经销商参加该会议，反馈质量情况并提出改进建议，这是非常有效地提高客户满意的办法——因为这种参与使得客户在遇到问题时，由原来的和企业对立的立场不知不觉转移到共同思考谋求问题的妥善处理的立场上来，这种转变对于建立互动的客户关系是至关重要的。

2. 将内部过程透明化

在 DELL 网站上订购电脑的客户，可以在网上非常便捷地查询到自己的产品在 DELL 的运营系统中进行到了哪个阶段，以及各阶段是否达到了自己的订货要求。

精明的面包店，把面包的烤制现场搬到前台，通过玻璃橱窗加以隔离，这样面包购买者可以观察到生产过程、现场的卫生状况。这种将内部过程透明化的做法，可以使客户对产品的形成过程心中有数，当然更重要的是客户可以第一时间表达出自己的愿望。

3.3 客户评估管理制度

1. 评价标准管理

（1）每季度对各级经销商进行评估与级别调整，不仅有利于激励经销商对公司产品的经营热情，也有利于对客户进行分类管理，重点支持。

（2）对专营经销商要以销售业绩（绝对值和相对值兼顾）、卖场布置与样品展示、主推力度、价格维护、顾客关系与信用度等为指标。对物流商除上述评估指标外，还要考核其配送服务、售后服务、网络拓展与网络维护水平。

（3）评估工作在办事处经理主持下定期进行，由业务经理、内务主管及统计员参与，最后结果记入客户档案，并将结果上报销售计划部。

2. 协调与分解销售目标

（1）客户与公司签订了年度经销协议后，业务经理应根据市场实际状况，在每月的25号前与客户协商制订月度销售目标。对客户的积点奖励将依据计划目标的完成情况进行。

（2）通过对经销商实际销售业绩的完成情况，对其销售趋势与经营潜力和障碍进行分析判断，评估经销商的经营能力与努力程度。

（3）根据综合评估结果，对客户进行ABC分类管理，对A类客户，可以进行广告、新品率先投放、强力促销和给予特供品等支持；B类客户可以适当进行支持。

3. 网络整体评估

（1）各地区办事处是公司客户网络维护的第一责任者，公司营销副总与销售计划部经理将定期对各办事处所辖的客户网络进行巡访、评估，作为考核办事处工作的主要依据。公司对客户网络的评估将侧重以下方面：客户数量的增长幅度；重点客户（销售额前20名）销售额的增长幅度；网络维护效果（巡访频率与巡访效果）。

（2）各办事处所辖网络如果出现客户流失现象，应及时上报销售计划部，并说明流失原因。销售计划部将对流失情况进行核查，提出应对策略。

每季度，业务经理应在办事处经理的主持下对经销商网络管理工作进行分析、总结。

3.4 客户拜访管理制度

1. 目的

为了对客户拜访做出指导性说明，加强对客户拜访工作的管理，提高拜访成效，特制定本拜访规范。

2. 拜访经销商客户流程：

（1）准备：

①制定拜访方案；

②准备客户资料卡；

③熟悉当月营销政策；

④准备销售辅助工具（地图、文具、名片等）；

⑤检查服装仪容是否整齐；

⑥携带新产品；

⑦未完成异议的处理进度追踪；

⑧对账确认；

⑨发票。

（2）接近：

①微笑；

②请出负责人并与其打招呼；

③寻找时机、地点，说明拜访目的；

④了解下级客户（批发商、零售商）的进货情况；

⑤资金状况；

⑥了解客户需求。

（3）查库存：

①库存盘点、记录；

②先进先出；

③不良品处理；

④帮助规范产品陈列。

（4）异议处理：

①了解客户需求，聆听异议；

②对异议进行处理或请示主管处理。

（5）销售建议：

①促销沟通；

②新产品介绍；

③从客户卡了解销售及回转情况；

④根据客户现状，提出专业化的订货建议；

⑤下订单、收款。

（6）相关作业：

①其他建议；

②收集市场资料和信息，重点了解竞争产品动态；

③文案记录；

④约定下次拜访；

⑤回公司后缴款、填写订单、通知发货仓库送货。

3. 拜访直销客户流程

（1）准备：

①制定拜访方案；

②准备客户资料卡；

③制定促销特价方案；

④准备销售辅助工具（地图、文具、名片、POP、促销品等）；

⑤检查服装仪容是否整齐；

⑥携带新产品样品；

⑦小礼品；

⑧未完成异议的处理进度追踪；

⑨税票；

⑩应收账款、对账单。

（2）接近：

①微笑；

②请出理货员并与其打招呼；

③寻找时机，说明拜访目的；

④上次拜访跟踪事项；

⑤赠送小礼品。

（3）查库存：

①库存盘点、记录；

②不良品处理；

③了解竞争者销售状况。

（4）异议处理：

①了解客户需求，聆听异议、确认异议（避免反驳、争论）；

②利用发问澄清问题（避免不诚实回答）；

③对异议进行处理或请示主管处理；

④对竞争者价格或促销情况的了解。

（5）建议销售：

①提出促销、特价案；

②争取陈列位置；

③新产品介绍；

④购买理由（卖点）介绍；

⑤下订单、收款。

（6）相关作业：

①约定下次拜访；

②告辞；

③填写订单、送货。

4. 理货员作业流程

（1）准备：

①制定拜访方案；

②准备客户资料卡；

③准备销售辅助工具（地图、文具、名片、POP、促销品等）；

④检查服装仪容是否整齐；

⑤准备用来调换次品的产品；

⑥小礼品。

（2）接近：

①微笑；

②请出理货员并与其打招呼；

③赠送小礼品。

(3) 产品陈列规范化：

①看陈列：

- 做货架陈列；
- 做堆箱或割箱陈列；
- 张贴 POP、特价卡等。

②依照产品陈列确定理货标准：

- 次品处理；
- 点库存；
- 拿订单。

(4) 相关作业：

①文案记录；

②了解顾客情况；

③了解竞争产品情况；

④告辞。

3.5 拜访区域规划管理制度

为了做好客户拜访区域规划，达到提高市场管理效率、掌握渠道、完善销售的目的，特制定本制度。它适用于公司各销售部门的客户拜访区域规划作业，由销售主管负责客户拜访区域规划方案的制定及监督销售代表执行。

第一条 客户拜访区域规划工作流程（见图3-1）：

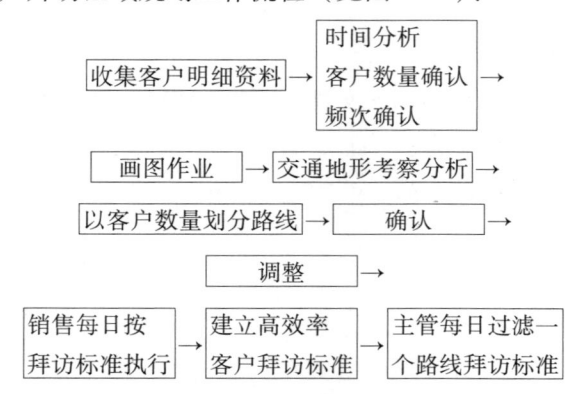

收集客户明细资料 → 时间分析 客户数量确认 频次确认 →

画图作业 → 交通地形考察分析 →

以客户数量划分路线 → 确认 →

调整 →

销售每日按拜访标准执行 → 建立高效率客户拜访标准 → 主管每日过滤一个路线拜访标准

图3-1　客户拜访区域规划工作流程图

第二条　合理的工作时间：距离、客户数、拜访效率。

第三条　适宜的区域规划：地理条件、特殊限制、行政区域。

第四条　有效的市场管理：市场反馈、客户满意、同行业动态。

第五条　高效的成本效益。

第六条　适当的成长空间：水平成长、垂直成长、渠道组织发展。

第七条　资料的收集：

1. 销售主管根据策划资料及销售代表拜访获得的登记资料，列出客户明细资料（客户名称、地址、销量）。

2. 销售代表根据资料进行拜访区域、拜访日期、拜访顺序的确认并填写文字说明。

3. 销售代表进行无效客户的注销。

4. 销售代表增补建立联系的客户明细资料。

5. 各级销售主管应协同销售代表进行拜访，对渠道的种类、店内工作时间、交通时间及客户进行确认。

第八条　时间分析，各渠道客户数量或频次的确认

1. 根据客户资料表、业内动态、协同拜访记录确认拜访客户时间、拜访客户频次。

2. 销售代表说明重新规划的目的，听取建议。

第九条　画图作业：将区域内客户标注在地图上。

第十条　考察交通情况：主要考虑配送便利程度。

第十一条　按客户数量划分路线：按客户数量划分路线，同时满足交通、配送、拜访频率要求。

第十二条　新路线组合：

1. 销售主管、销售代表确定每日拜访客户的路线。

2. 销售主管、销售代表确认路线拜访人员。

3. 根据工作要求，确认路线拜访标准。

第十三条　销售主管和销售代表根据实际工作状况及时调整工作内容、拜访频次。

3.6　巡访内容、路线与频率

1. 巡访内容

（1）终端工作的核心：①最好的展示效果与导购促销，达到有效出货；②更合理的库存数量，以降低资金占用和经营风险；③更快的资金周转、样品更换和问题的及时解决，以减少运营费用。

（2）客情沟通：通过真心实意地帮助客户解决问题的点滴工作，同客户建立良好的关系。既能从客户的角度看问题，也能引导客户站在公司的角度看问题，建立彼此信赖的"战略合作伙伴关系"。

（3）理念传达：宣讲公司理念和不断提升品牌与产品质量的经营业绩，与客户长期共荣、利益共享的永续发展战略。解释公司的经营政策，让经销商对公司的经营意图更加理解和支持，使经销商能不断地跟上公司的发展。

（4）渠道管理：维护市场内产品的零售最低限价，防止窜货现象的发生是终端巡访的一项重要工作。只有严格按公司要求做好这样的渠道管理工作，才能保证经销商赢利，也才能保持公司对渠道的掌控与领导力。

（5）卖场整理：对经销商的卖场进行整理，让我们的产品始终保持良好的形象展示。开动脑筋，不断改善展示形象。必要时亲自动手，通过自身的敬业精神，对经销商及其员工起到潜移默化的作用。

（6）经营指导：通过不断地巡访，从好的经销商处学习好的经营方法与经验，不断积累。针对经销商所存在问题，适时进行经营指导，并帮助其做好售后服务。

（7）监督返利：对物流和核心经销商进行月度激励返点，要每月检查核对，落实发放情况。

（8）信息收集：通过巡访，及时收集行业信息、了解经销商及竞争品牌的动向，尤其要对竞争品牌的一举一动保持敏感性，并将信息及时准确地反馈回办事处。

（9）技巧培训：通过巡访，帮助营业员工作，馈赠小礼品，与之搞好关系。有针对性地通过培训，使营业员在店面管理、库存管理、产品知识、销售技巧等方面的能力得到加强。

（10）促销实施：根据公司企划部与办事处的促销计划，在各销售终端上协助经销商进行促销活动，拉动有效出货量。

（11）联系竞争对手客户：对主要竞争对手的核心客户，每月至少拜访一次，收集促销、价格、营销策略等信息，并注意加强感情沟通。

2. 巡访路线

（1）首先绘制"区域市场终端分布图"（有条件的，可绘制电子版地图）。标明每个终端的具体位置，以及相邻的两条道路。

（2）完成"区域市场终端分布图"后，对整个市场区域进行划分，划分出巡访专区，对业务经理的巡访责任予以落实。

（3）按照从"出发地"开始的原则，注明巡访终端的先后次序和行走线路。

3. 巡访频率与时间安排

（1）在有业务经理常驻的城市内，建议A类客户每周巡访两次（不低于每周一次），B类客户每周巡访一次（不低于每两周一次），C类客户每两周巡访一次（不低于每月一次）。

（2）没有业务经理常驻的区域，A类客户每两周巡访一次，B类客户每月巡访一次，C类客户可每两个月巡访一次。

（3）各区域市场具体的巡访频率与时间安排，由该区域办事处经理作出安排，报销售计划部备案。

（4）每周三、四、五、六、日共五天为外出巡访工作日，要做好以下工作：①按本指南要求，解决终端问题、帮助终端改善经营；②填写相关信息记录。

（5）周一与周二为内勤工作日，在驻地进行：①各终端销售业绩汇总；②一周来巡访信息汇总与分析；③根据上周巡访情况，对问题予以解决。需要到终端才能解决的问题，要做好解决问题的准备工作；④计划下周工作，并填写下周巡访工作计划表；每月最后一周对下月工作进行计划，并呈报上级主管批准。

3.7 客户销户管理制度

第一条 为了对公司现有客户中因各种因素不适合存在的客户的销户工作进行程序化管理，以保证公司货款、货物数量准确清晰以及维持良好市场形象，特制定本制度。

第二条 客户销户由销售代表负责提出销户申请。

第三条 客户销户管理程序（如图3-2）：

执 行	流 程	作业说明及表单
销售代表	销售申请	
依核决权限	核准	客户销户申请单
销售代表	申请账款余额	
依核决权限	核准	
财务部	办理退款	请款单
销售代表	转交客户签收	
财务部	销户	

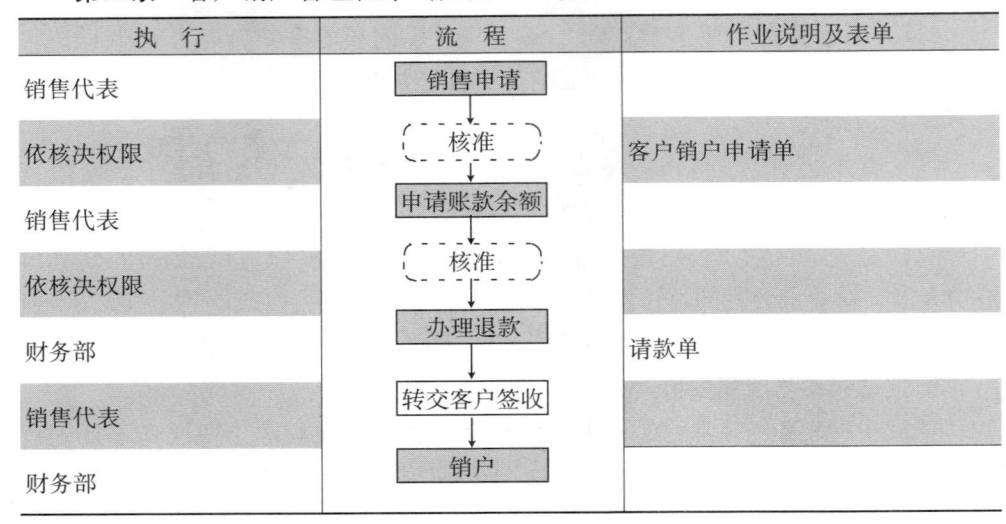

图3-2　客户销户管理程序图

第四条　凡需销户的客户，由销售代表填写客户销户申请单，注明清户原因、客户账款余额及余额处理方式等，然后交销售经理审核。审核后交财务部核对余额是否正确；若正确无误，则依核决权限进行核准。

第五条　客户销户申请单核准后，由销售代表填写请款单，申请账款余额。

第六条　销户前未能执行完返利的，销售代表须填写请款单并附等值发票（已扣税金额），申请返利金额。

第七条　请款单需注明客户全称、代码、税号、账户、开户行、请款种类，经销售分公司经理或销售经理审核，并依核决权限核准后，连同客户销户申请单交财务部办理退款。

第八条　退款一般由财务部将款项直接拨付客户账号，并通知财务共同清户。若退款由销售代表转给客户，则须销售代表取回客户收据后方可销户。

第九条　财务将客户销户申请单存档，并通知营销策划部在电脑系统中做销户处理。

第十条　销售代表向客户出示正式的销户函、账款核对单，为客户办理销户，该过程应由销售部门负责人签字后办理。

3.8　客户营销事务管理制度

总则

第一条　本制度用来规定本公司与客户展开销售相关的业务处理方式。

第二条　本制度的适用范围除直接从事销售工作者外，凡与此有关联者，一概包含在内。

第三条　从事销售工作的人员，应服从公司规定的组织安排，在所属主管的监督指导之下，与同事互相协助，维持工作部门的秩序，对外方面不可有失公司的形象。

第四条　客户代表除遵守本规则及其他规定外，对于公司临时发出的通知或规定，也应视同本制度遵守。

第五条　销售活动须积极进行，促进公司业务的进展。

第六条　对销售业务人员，应尽快建立连带保证制度。

订货受理与交货

第七条　客户代表对对方的经营状况和付款能力等，应做事前调查，并衡量本公司的生产能力是否满足对方的生产要求，再决定是否受理订货。

第八条　客户代表需做好下列三项调查，并将内容报告给所属主管人员：

1. 如为第一次交易者，应就其负责人、经历、性格、资金、往来银行、每月生产能力及交易能力、从业人员数目、有无与本公司的竞争同业交易、业务内容等进行调查。

2. 调查下订单者与本公司的关系及以往的订货实绩、付款情况；

3. 调查与下订单者有交易关系，并为本公司竞争对手的同业者。

第九条　订货情报应快速取得，并在所属经理的指示下快速展开有效率的销售活动。

第十条　在提出估价单时，应先取得所属主管的认可。

第十一条　在受理订货时，除了应遵守公司规定的售价及交货期间外，需确实遵守下列五项规定：

1. 品名、数量、规格及合同金额；

2. 具体的付款条件，如付款日期、付款地点、支票日期、收款方式等；

3. 交货地点、运送方式、距离最近的车站等交货条件；

4. 安装、运转及修理等所需的技术派遣费的协定；

5. 除特殊情况以外，从订货受理到交货之间的期限，一般以 3 个月为限。

第十二条 订货受理报告书连同订购单及契约书等证明订货事实的资料，需一起提交给所属的主管。

第十三条 区分客户

1. 订货受理报告书中如果是老客户，应依据交货日期记明目前的未付款项余额。另外，尚需注明交易前或交易中是否有意外事故发生。新客户则重新处理，老客户如曾有不良记录者应予以指明。

2. 对于订购者是新客户还是已有往来的客户须清楚注明。

第十四条 在受理订货或订立合同时，应先确认工程现场及相关规格设计、施行范围等事宜。

第十五条 在受理订货或订立合同时，应依照下列四项条件选择缔结付款条件和交易公司：

1. 与新客户的交易，原则上在交货时收取现金。

2. 对于以往一向忠实履行付款条件的老客户，可依照惯例认可本交易，但仍要规定在 6 个月内收回货款。

3. 即使是已有往来的客户，仍应依照其付款能力的好坏，采取由交货处代理受领或直接契约的方法。

4. 对于过去曾发生过不信守合同或支票不兑现行为的客户，一概不接受代理受领以外的订货方式。

第十六条 交货后，若基于客户的要求或其他情况的需要，需免费追加零件或机械器具等物品，须事前提出附有说明的相关资料给总经理，由总经理做出规定。

第十七条 因前项而发生损失的责任归属问题，另订条文规定。

第十八条 客户代表对于本制度第八条规定的内容，应提出下列资料，经由所属主管直接向总经理报告：

1. 每日的活动情况；

2. 3 个月内的订货受理内容报告；

3. 收款预定。

第十九条 根据前项提出的报告，管理部门进行检查后，设立季度的营业方针计划，并对成果进行调查。

第二十条　订货通知

1. 管理或生产部门针对生产能力进行评估，再依据订货受理报告书中的条件及内容，做好确认之后，迅速发出订货确认的通知或变更通知给负责人员。

2. 受理订货人员在收到前项变更通知后，须立即与订货者联络，并设法努力与订货人交涉，使订货条件符合规定。

第二十一条　管理部门应针对订货受理及交货等状况加以分析、调查，并负责督促交货事宜。

第二十二条　销售价格表客户代表须随身携带，但不可借给或流传到第三者手中。另外，未经公司许可借出的图表等资料，也必须设法回收。

第二十三条　公司产品目录及其他销售上的必要资料，必须慎选对象后发放。

第二十四条　关于奖金制度，公司另设有销售奖金制度，以资奖励直接从事销售业务的人员及代理店或特约店。

货款的处理

第二十五条　受理订货者对货款回收事宜负责。

第二十六条　负责回收货款人员必须遵守下列事项：

1. 在受理订货或提出估价书时，应与对方谈妥付款条件；

2. 在交完货后应立即开出清款单，在付款日须亲往收款，或寄出缴款委托函给对方；

3. 经常与订货者保持密切联络，设法使对方如期付款。

第二十七条　负责货款回收人员应于每月月底将订货者 3 个月间的收款预定表提交给所属主管。预定表的要点如下：

1. 管理部门依据收款预定表，交给负责受理订货人员，并交付余额确认书及付款通知书等，借此加强督促收款业务；

2. 以每月的 10 日、20 日及月底做区分，注明各现金款项及票据的金额。

第二十八条　当发现货款已无收款可能时，负责人员须从其薪金中扣除相当于此货款的 20% 的金额，作为赔偿。

第二十九条　交货后半年内，对方仍赊欠货款时，视为不良账款，由负责货款回收人员从其薪金中扣除相当于该款项金额的 10% 赔偿给公司。如在实施上述规定后的两个月之内，该货款的总额已获回收，则负责人员赔偿金的 50% 应退还。

第三十条　回扣的对象以契约或交货的对方为主，结算条件必须附有收据；并且回扣的对象以超过公司规定的销售价格者为主，低于销售价格者不予认可。

第三十一条　按合同规定，并须经公司许可后付与回扣，且只能以限定比例支付。

第三十二条　销售佣金的处理原则依照第三十条及第三十一条的回扣条件施行。

退货及折扣

第三十三条　当发生订货取消或要求退货等事件时，应将对方的凭证资料提交给所属主管，并待管理部门做出决策通知后，始可更改订货单或按通知要求处理退货事件。

第三十四条　因不得已的理由而必须接受退货时，应迅速将合同及对方的退货传票交给所属主管。如果事情的责任归属该负责人，则须从该负责人的薪金中扣除包装费、运费及机器调整费等必要的费用，作为对公司损失的赔偿。

第三十五条　如货品交出后，货款被打折，则应将对方的相关资料连同合同书和订单等提交给所属上司。同时确定被打折扣的原因，并要从相关责任人员的薪资中扣除相应比例的金额给公司。

技术派遣

第三十六条　派遣技术人员到其他公司服务时，须事先附上对方公司的要求书，转交所属主管，取得其许可，并提出派遣委托书始准派遣。

第三十七条　关于技术派遣须依照另行规定的公务规章实施。

经费预算

第三十八条　销售活动经费预算应于每月25日决定。

第三十九条　销售经费的认可只限于前条规定的范围内，超出此限者不予认可。

第四十条　在申请各项销售经费的支出时，各负责人员应于规定的期间内，备齐相关资料，并提交给所属的主管，取得其认可。

第四十一条　各项销售经费须在付款账目中分别记入规定的计账科目，并依照规定的格式提出申请。

第四十二条　各项销售经费的支付采取结算与预付两种方式，但必须具备下列两项条件：

1. 预付方式付款只限于事前由公司认可者；

2. 结算方式的付款须附上收据证明。

第四十三条 各负责经理对于预算及各项销售经费的运用须承担相应的责任。

3.9 客户参观管理办法

第一条 为规范管理客户的到访和参观，维护好与客户的良好关系，特制定本制度。

第二条 欲参观公司的客户必须事先与市场总务部主管联系，填写"参观公司申请书"，并正式提出申请，然后由相关部门负责人审批。

第三条 相关部门对"参观公司申请书"进行审核，批准后转交市场总务部。

第四条 由市场总务部填写参观内容、范围与路线，然后交副总裁审批。

第五条 符合下列条件之一的客户，才有资格进行公司参观：

1. 持有公司印制的"公司参观许可证"的客户，可进入公司进行参观；

2. 事先以电话或其他方式与本公司联系，并经市场总务部批准者，有资格进入公司参观。

3. 事先与本公司总部或其他事业部门联系过，并征得有关部门许可的客户；

4. 公司的重要客户或经常发生业务往来的客户；

5. 其他希望参观并取得总经理批准的客户。

第六条 申请者必须向公司市场总务部出示"公司参观许可证"以及"参观公司申请书"，领取参观者胸卡。市场总务部在参观公司申请书上填写许可编号，转交门卫。

第七条 关于参观拍照：

1. 一般情况下，禁止外来参观者在作业现场拍照。

2. 市场总务部主管可以在获得该生产主管同意的前提下，指定专人对该设备所需要部分进行拍照，并以公文形式把照片寄给参观者主管。

3. 公司的重点客户如果对所参观某机械设备感兴趣，认为有助于其产品推广与市场开拓，希望拍摄照片，必须向市场总务部主管请示。

4. 为了防止所拍摄照片被过量复制，应由所在生产厂保管底片。

5. 本公司设备的照片，不得擅自公开刊登，如果有必要刊登，必须事先请示公司工程部。

3.10 客户参观接待办法

1. 目的

为促进本公司公共关系，扩大宣传效果，兼顾公司机密，特制定本办法。

2. 参观种类

（1）临时参观：因业务需要临时决定来公司参观。

（2）定时参观：先以电话或公文预先约定参观时间与范围。定时参观又分为以下三种：

- 普通参观：一般客户或有关业务人员来公司参观。
- 团体参观：机关学校或社会团体约定来公司参观。
- 贵宾参观：政府官员、社会名流以及国内外各大企业负责人经公司允准前来参观。

3. 接待方式

（1）临时参观：以茶点招待，由管理部或有关部门派人陪同。

（2）普通参观：同临时参观相同接待。

（3）团体参观：凡参观人员会客室能容纳，均以茶点招待，否则一律免于招待，至于陪同人员由管理部门协调有关部门决定。

（4）贵宾参观：按公司通知以糕点、咖啡、冷饮或其他方式招待，并由公司高级人员陪同。

4. 参观规则

（1）临时参观：由各部门经理核定，并于参观前1小时以电话通知公司管理部办理接待。如参观涉及两个部门以上者，应同管理部协调办理。

（2）普通参观：由各部门经理核准，并于参观前1日将参观通知单填送公司，以利于接待。但参观涉及两个部门以上者，应视同团体参观办理。

（3）贵宾参观及团体参观：由公司核准并于参观前3日将参观通知单填送公司管理部门，作为办理接待的凭证，意外时应先以电话通知，后补通知单。

（4）未经核准的参观人员，一律拒绝参观，擅自率领参观人员参观者，按泄露商业机密论。

（5）参观人员除特准者外，一律谢绝拍照，并由陪同参观的人员委婉说明。

5. 本办法如有未尽事宜可以随时研究修正。

6. 本办法呈报公司核准后公布施行。

3.11　客户接待费用管理规定

第一条　本公司有关客户的接待费开支一律按本规定执行。

第二条　本规定所指接待费，包括以下所列各项费用开支项目：

1. 会议费；
2. 招待费；
3. 研讨费；
4. 交际费；
5. 捐赠；
6. 典礼费。

第三条　有关接待费的申请、批准、记账、结算等，一律按本规定的手续办理。凡不按本规定办理者，任何对外接待与交际的开支费用，本公司一概不负责。

第四条　无论董事、总经理，还是业务人员，一律按本规定执行，不得擅自或任意动用客户接待费用开支。

第五条　本规定允许业务接待人员委托代理人办理必要的手续。

第六条　使用接待费注意事项

1. 接待费用开支，必须本着最大成果、最小支出的原则，充分考虑和认清每一次接待的目的和接待的方法，合理接待，有效使用经费。

2. 必须注意接待费支出项目与接待用途及目的一致。公司的营业、采购、融资以及其他经营，有其客观的目的性，任何接待上的开支不得背离经营上的目的与要求。

3. 各级责任者或主管领导，必须充分审核每一次接待任务与接待方式，给予接待任务的执行者以适当的指示。

第七条　接待次数原则上每人每月不得超过__次，但是，____元以下的开支次数不在其列。同样内容与对象的接待应尽量避免，不要重复接待。

第八条　开支预算需按过去的平均实绩确定，每个部门分别进行预算，并在预算范围内开支。

第九条　对重要的关系户要设立接待卡，详细记载其兴趣、爱好与特点等。有关接待卡的填写与保管，另行规定。

第十条　接待前，要求在"接待申请及报告书"上写明接待目的。接待的目的可分为如下几类：

1. 招待新交易伙伴关系户；
2. 庆祝合作关系的建立；
3. 销售收入提高后的致谢；
4. 来访时的招待；
5. 出访时的请客；
6. 接纳各种建议后的致谢；
7. 重要的节日或庆典；
8. 达到各种目的后的致谢。

第十一条　接待按对象、场合和目的，分为以下三档：

1. 甲级（特别重要和重大的接待）；
2. 乙级（比较重要和重大的接待）；
3. 丙级（一般的接待）。

第十二条　接待场所根据接待档次确定，分为高、中、低三类场所。

1. 高档（适合于甲级接待规格）。主要指高级的饭店、美食中心。
2. 中档（适合于乙级接待规格）。主要指略低于高档水平的中高档餐馆。
3. 低档（适合于丙级接待规格）。主要指中低档大众用餐场所。

第十三条　接待当事人根据具体情况，判断是否需要接待或招待，并填写公司规定的"接待申请及报告书"，向主管领导正式提出申请，主管允许后加盖印章，送交总务部主管。

第十四条　市场总务部主管根据申请表内容进行审核，批准后加盖印章。总务部主管的审批权限为一次____元，超过审批权限，必须上报总经理批准。

第十五条　接待费由总务部直接支付给申请人或申请部门。总务部依据申请内容以及相应的接待档次与场所，支付一定的费用。申请部门或申请人应在规定的时间内，将收据和发票凭证连同申请书一起送回总务部进行结算。

第十六条　在接待工作结束后半月内，必须到总务部门结算，如果没有收据或开支凭证，一切费用由申请人或申请部门承担。

3.12 标准客户交往步骤表

客户名称		月份	1	2	3	4	5	6	总计
销售目标		目标							
利润目标									

月份 内容	1	2	3	4	5	6	7	8	9	10	11	12
上年实施的促销活动												
下年度事业的构想时间												
制定事业计划的时间												
可能影响联系的因素												
访问次数预计及注意事项												

上年创造佳绩的背景

预计障碍及应对措施

3.13 客户联络计划表

顾客名称 \ 内容 \ 项目	情报				推进			促进			决定			援助			营业			下周行动计划的预备
	同业消息	销售动向	地区消息	成功案例	销售调查	制定销售计划	调查库存量	新产品介绍	QC促进	成立商圈	促销活动	DM提行	干部同行	企划提出	提供样品	资料提供	广告援助	抱怨处理	同行访问	接受订单	回收指导	出货	

3.14　客户访问计划与实绩日报

访问客户	地址电话	业种	访问动机	面谈时间	经过	对应商品	销售预估额	区　　分	备　注
			□主动访问 □公司命令 □探听得来 □介　绍					□新客户 □续访问 □用　户 □售后服务 □其　他	
			□主动访问 □公司命令 □探听得来 □介　绍					□新客户 □续访问 □用　户 □售后服务 □其　他	
			□主动访问 □公司命令 □探听得来 □介　绍					□新客户 □续访问 □用　户 □售后服务 □其　他	

3.15　客户实施时间表

级别	日期 计划 客户 实 星期 绩	21 二	22 三	23 四	24 五	25 六		17 五	18 六	19 日	20 一	备注
	本日销售金额											
	累计金额											
	完成率（%）											

3.16 客户馈赠申请表

地区：_____ 单位：元

客户名称	从事行业	负责人	姓名	交易现状	拟赠礼品	礼品数量	预算价值	备注说明

经理：_____ 主管：_____ 制表人：_____ 制表日期：___年___月___日

3.17 重点客户交往表格

顾客名称_____ 营业员名称_____　　　　　　　　　　　制表日期　月　日

销售额目标		各月销售额	月	4	5	6	7	8	9	上期总计
利益目标			目标							
商务日历			实绩							

	4月	5月	6月	7月	8月	9月	10月	11月	12月	1月	2月	3月
上年顾客实施的促销活动												
顾客检讨下一年度事业构想的时间												
本年度制作、决定事业构想的时间												
制作、决定下一年度事业构想的时间												
其他影响销售额、利益的客户行为												

续表

◇访问次数/与谁接洽时决定的？◇（整理营业日报等记录）

◇上年缔造佳绩的背景

———————— 达成目标的作战计划 ————————

行动目标 1.		行动指针 1. －①	
		－②	
行动目标 2.		行动指针 2. －①	
		－②	

请求上司、相关者协助的支援体制

———————— ◇营业活动方面的预期障碍与其应对策略◇ ————————

3.18 加强新客户关系对策表

对策 新客户	推动的影响力	和竞争同行业间的关系	本公司负责人	强化对策	时间表	检查对策
总经理						
副总经理						
进货主管						
财务主管						
其他人员						
备注						

3.19 拜访客户应克服的惰性表

1	喜欢以与自己个性相投的客户为中心进行访问
2	访问目的不明确，只是以定期访问为名做漫无目的的访问
3	洽商时以老旧的资料代替必要的资料，而且资料破烂不堪
4	与客户关系变得随便，忘了应有的商业礼仪，言行也有些轻率
5	忘记对客户的承诺，而且不想办法让对方宽恕
6	洽谈内容以题外话为主，没有很认真地洽谈生意
7	听到可能影响营业活动的情报，仍很少将之用于以后的营业活动
8	不将洽谈内容记录下来以便改进营业活动
9	面对任何顾客，洽谈方式都千篇一律
10	生意被其他公司拿走时，一时虽有遗憾，但不采取对策

3.20 联络问题分析表

客 户 名	产生问题的原因	解 决 办 法	企业改进措施
（问题一）			
（问题二）			
（问题三）			

3.21 联络结果报告书

客户名称：

访问时间：

地址及电话：

负责人：

面谈经过：

已解决的问题：

以后应注意问题：

备注：

填表时间：　　年　　月　　日　　　　　　　　　　　联 系 人：

3.22 强化客户关系表

顾客名称

顾客 \ 项目	推动的影响力	和竞争同业间的关系	本公司负责人员	强化对策	时间表	检查对策
总经理	小	无特别关系	总经理	决定每月拜访及电话次数	本月开始	
副经理	大	无特别关系	经理	通过熟人与其加强联系	到下个月底	
科长姓名	大	同学	营业代表	接洽	每月大约一次 本月开始	
负责人员姓名	中	朋友	技术部	技术情报提供	每日一次 本月开始	
其他姓名	中	回扣传闻	质量管理科	新制品讲习会	下个月到年底为止	
其他姓名						
备注						

3.23 强化客户关系明细表

将你看到的获得顾客信任与失去顾客信任的事例做具体整理。

获得顾客信任的事项	对营业活动有什么样的影响

失去顾客信任的事项	对营业活动有什么样的影响

◇什么样的营业活动有助于培养与顾客之间的信任◇

续表

①取得顾客信任的事例
②失去顾客信任的事例
③什么样的营业活动有助于培养与顾客之间的信赖关系

就以上3个观点为判断,整理并确定营业人员平常应该进行哪些活动才能培养与顾客之间的信赖关系。

1.
2.
3.
4.
5.

3.24　款待客户申请表

顾客名称		宴会场所		宴客的预定日期		月　日
顾客方面的同席者			费用概算 一次会	元	交通费 礼品费	
自己公司的同席者			二次会	元		元
本次宴客的目的				宴客时的注意事项		
想要搜集的情报				上司的建议（请上司填写）		

3.25　款待客户报告表

顾客名称		招待日期、地点		
顾客方面的同席者		费用		
		第一回聚餐		元
自己公司的同席者		餐后的再聚会		元
		礼品		元
本次招待可获得的效果		交通工具		元
		费用概算		元
		其他 计程车票只交给部长与科长		

想搜集的情报	如何适用于今后的营业活动
	上司的建议

3.26 招待成本与收益比例表

经营活动成本收益表	
交往成本	交往收益
A 类　成本 C_A	所收集信息：
B 类　成本 C_B	所达成协议：
C 类　成本 C_C	所收获经济利润：
D 类　成本 C_D	交往中的不足：
成本总计　对今后指导意义：	

3.27 客户评估表

客户编号:			客户名称:		
业绩评估	销售目标	实际销售	达成率	满分	得分
					50
合作态度	优　　良　　中　　差				
信用评估	信用期内未还款次数		标准次数1		
信息提供情况	优　　良　　中　　差				
达标分数	80				
综合评估	优　　良　　中　　差				
处理意见	不奖励　　奖励　　提供市场支持　　培训　　提高信用额度				

3.28 上门客户统计表

开门： 时 分
关门： 时 分   年 月 日

时　　刻	主妇	上班族 男	上班族 女	男主人	小孩 男	小孩 女	其他 男	其他 女	熟顾客	路过客人	计	前次调查合计	单独	父(母)子(女)	夫妇	朋友
上午7时																
上午8时																
上午9时																
上午10时																
上午11时																
中午12时																
下午1时																
下午2时																
下午3时																
下午4时																
下午5时																
下午6时																
晚上7时																
晚上8时																
晚上9时																
晚上10时																
计																
和前次调查合计的比较																
备　　注																

3.29 部门别及客户别销售额计划表

部门别	客户别		上年同月 销售金额	销售比重（%）	1月计划		2月计划	
×××分店	(1)A级客户	①						
		②						
		③						
		④						
		⑤						
		计						
	(2)B级客户	①						
		②						
		③						
		④						
		⑤						
		计						
	合计							
×××分店	(1)A级客户	①						
		②						
		③						
		计						
	(2)B级客户	①						
		②						
		③						
		计						

3.30 业务经理寻访客户周工作计划表

市场区域：　　　　制表人：　　　　制表时间：　　年　　月　　日

本周工作完成情况					
序号	工作执行内容	完成情况	效　果	影响效果的关键因素	完成时间

3.31 业务经理寻访客户月工作计划表

市场区域：　　　　计划人：　　　　　制表时间：　　年　　月　　日

终端客户名称	ABC类型	本月计划巡访时间	巡访工作内容	该终端重点解决问题	备注
			①、②、③、④、⑤、⑥、⑦		
			①、②、③、④、⑤、⑥、⑦		
			①、②、③、④、⑤、⑥、⑦		
			①、②、③、④、⑤、⑥、⑦		
			①、②、③、④、⑤、⑥、⑦		
			①、②、③、④、⑤、⑥、⑦		
			①、②、③、④、⑤、⑥、⑦		
			①、②、③、④、⑤、⑥、⑦		
			①、②、③、④、⑤、⑥、⑦		
			①、②、③、④、⑤、⑥、⑦		
			①、②、③、④、⑤、⑥、⑦		
			①、②、③、④、⑤、⑥、⑦		
			①、②、③、④、⑤、⑥、⑦		

①理念沟通　②客情关系　③店面展示　④信息收集　⑤纠纷解决　⑥帮助指导　⑦其他

第 4 章

客户信用管理必备制度与表格

4.1 客户信用管理办法

首先,我们建议企业设立专门的信用管理部门,对于中小企业必须设立"信用管理"岗位,承担信用管理的职责,主要负责客户的资信信息的搜集调查;主持客户信用分析、确定客户信用额度、赊销账期;完善客户信用管理工作的监督和检查等工作。

其次,如何在 CRM 系统中实现客户的信用管理:

1. 事前管理

首先,对于客户的信用管理应该从新客户的开发开始,新客户的开发工作一般是企业的市场、销售等部门的主要职责。一般 CRM 系统的实施都会要求市场、销售等部门成员在新客户的开发/挖掘阶段,实现客户基础信息的搜集与工作,有些企业可能会有专业的信息人员实现信息的著录工作。

其次,信用管理人员必须完成客户资信信息的搜集及调查工作,并著录系统,为实现客户信用的分析管理打下基础。

再次,制定《企业资信调查和评估管理制度》,并根据此制度对每个企业客户进行评级,确定客户信用额度,赊销期限等。这些工作都必须在建立与客户的交易前完成。

最后,在每次交易后,根据《企业资信调查和评估管理制度》中相关的制度,进行各客户信用的重新评定工作;对于交易周期较短的行业,可以在一定周期后进行客户信用的重新评定工作。

2. 事中管理

企业在交易过程中产生的信用风险主要是由于销售部门或相关的业务管理部门在销售业务管理上缺少规范和控制造成的。其中较为突出的问题是对客户的赊销额度和期限的控制。一些企业在给予客户的赊销额度上随意性很大,销售人员或者个别管理人员说了算,结果往往是被客户牵着鼻子走。实践证明,企业必须建立与客户间直接的信用关系,实施直接管理,改变单纯依赖于销售人员"间接管理"的状况。

以"CRM 系统"为基础,建立订单执行流程,如图 4-1:

订单建立 → 信用额度、赊销期限检查 → 审核 → 订单执行

图 4-1 订单执行流程图

此流程图只做订单执行的参考。

销售人员进行客户订单的建立，并严格要求检查信用额度、赊销期限；对于信用严重透支的客户，应请示领导慎重签单。工作要求必须认真执行下去。审核工作是为了保证业务工作的顺利进行，以及为员工提供工作的指导，需建立《赊销业务管理制度》。制度中应包括4个方面：

（1）赊销业务预算与报告制度；
（2）客户信用申请制度；
（3）信用限额审核制度；
（4）交易决策的信用审批制度。

3. 事后管理

关于应收账款管理，许多企业已制定了一些相应的管理制度，但是我们在调查研究中发现，这些制度还远远不能适应当前市场环境和现代企业管理的要求。存在的主要问题是缺少管理的系统性和科学性。

改进这方面的管理主要应在如下几个方面制度化：

（1）应收账款总量控制制度；
（2）销售分类账管理与账龄监控制度；
（3）货款回收管理制度；
（4）债权管理制度。

4.2　客户信用度评估细则

第一条　为了对客户的信用度进行准确评估，对具体客户的情况更进一步了解，现特从企业情况、管理人员以及员工三方面对客户信用度评估进行具体规定，以便全面了解客户的信用情况。

企业情况

第二条　市场状况：主力商品的利润率；销售战略实施情况；批发商品或零售商品的安全度；对新产品开发、技术开发的投入及库存管理、交货措施的安全度。

第三条　业界动向：生意往来企业业界动向；目前国际环境、状况动向；金融环境；业界未来展望及业界长期展望。

第四条 经营素质：生意往来者实力；资本、资金实力；同行的评价；总公司、关系企业、主要银行的信用度和资金关系。

第五条 财务状况：过去的平均利润；公司的资产状况、贷款构成；过剩投资的安全度及不良的债权状况。

管理人员

第六条 管理层素质：人品、领导能力、健康状况、年龄和经营理念。

第七条 管理层人员声誉：在商场上的声誉；受员工敬爱程度；政治关系；是否与特别的暧昧团体有关联；是否有犯罪的丑闻。

第八条 管理层人员个人资产：个人资产与其经营规模是否成正比；个人贷款是否过多；是否有个人的事业；凡事是否都不编列预算，随意支出；抵押状况。

第九条 管理层人员的经营能力：经营手段；经营业绩；指导部署才能；是否尽心地培育后继人才；顾客或主要银行的评语。

公司员工

第十条 工作氛围：公司员工没有收受贿赂的丑闻；公司员工没有派系对峙的传闻；公司员工没有对立的谣传。

第十一条 员工士气：全员的士气很高昂；全员有干劲；员工中有很多诚实、亲切的人；很多员工都有谦虚的品性；员工间很和睦。

第十二条 上进心：公司经常教育、训练职员；贯彻公司商品的知识；热心于产品开发；热心于设备的革新；热心于技术的革新。

第十三条 薪金水平：薪金在一般水平；没有不公平的薪金制度；没有延误发薪的传闻；适当地使用营业费；职员的储蓄率很高。

第十四条 工作态度：勤勉；服装整洁；工作岗位的整理、整顿做得很彻底；机敏的工作态度；工作非常有效率。

4.3 客户信用限度确定方法

第一条 目的

为了合理地确定不同客户的信用限度，从而为不同信用限度的客户采取不同的营销政策服务，本公司特制定本办法，各相关人员务必遵照执行。

第二条　信用限度的含义

信用限度又称信贷限度，其含义包括：

1. 对某一客户，唯有在所确定金额范围内的信贷才是安全的；
2. 只在这一范围内的信贷，才能保证客户营销活动的正常开展；
3. 确定信用限度额的基准是对客户的赊销款和未结算票据余额之和。

第三条　不同客户的信用限度划分

1. 根据客户的实际情况，特别是业务规模，划分出下列各类信用限度：

（1）A类：企业规模较大，信誉好，经营业务稳定（在此不考虑与其他公司的交易量大小）。

（2）B类：大多数信誉良好，客户信用一般。

（3）C类：中间批发商；债权余额在1000万元以上的非A类客户；债权余额不足1000万元，但与本公司交易量较大的客户；职工不足100人的小企业和私营企业；出现过不守信用问题的客户等。

2. 确定信用限度基准后，在交易过程中还须注意下列问题：

（1）以往几年的回收累计与平均毛利润率；

（2）以往货款回收情况；

（3）其他企业确定的信用限度额。

第四条　例外处理的信用限度

1. 当出现银行拒付可能性较大、票据延付、信用恶化等情况下；
2. 在营销主管为扩大交易规模进行特别指示的情况下。

第五条　信用限度额

1. 公司对每一客户的信用限度额以不超过×××万元为限。

2. 责任营销员在客户的赊销款与未结算票据余额合计额接近或可能超出规定的×××万元时，应事先向上司汇报，征求处理意见。

3. 如超出信用限度额，营销主管须向总经理汇报，确定处理办法。责任营销人员须密切关注客户的赊销款和未结算票据的变化。

4.4 客户信用等级评估方案

1. 总体构思

客户信用等级的评估是为了加强信用控制，并为客户分类提供依据。信用等级的评估，以客户的信用履约记录和还款能力为核心，进行量化的评定。客户信用等级每季度根据客户上一季度的经营和财务状况评定一次。信用评估指标分为品质特性评价、信用履约率评价、偿债能力评价、经营能力评价、盈利能力评价五大类共20项，对各项指标设置相应分值。信用等级评定实行百分制，其中财务指标占30分，非财务指标占70分。评分后按得分的高低，对客户分为AAA、AA、A、B、C五个等级。在对客户进行分类时，核心信用二代的信用等级必须为AA级以上，A类信用二代的信用等级必须为A级以上，B类信用二代的信用等级必须为B级以上，C类信用二代的信用等级必须为C级以上。

2. 评估步骤

（1）收集客户的营业执照、法定代表人身份证的复印件、财务报表（上年末及上季度末）等相关资料；

（2）填写《客户基本情况表》；

（3）根据客户实际情况填写《客户信用等级评分表》；

（4）按客户实际得分评定其信用等级。

3. 评估指标及分值

（1）品质特性评价　　　　　　　　　　　　　　28分

①整体印象　　　　　　　　　　　　　　　满分4分

该项指标由评估人员根据对客户的整体印象评分。

A. 成立3年以上，公司规模较大

员工表面素质较高，公司在同业中形象良好　　　4分

B. 成立1年（含1年）以上，公司规模中等

员工表面素质较一般，公司在同业中形象良好　　2分

C. 成立未满1年，公司规模较小

员工表面素质较低，公司在同业中形象较差　　　0分

②行业地位　　　　　　　　　　　　　　　满分4分

该项指标根据客户在经营区域内的市场占有率评定。

A.	在当地销售规模处于前 3 名	4 分
B.	在当地销售规模处于前 10 位	3 分
C.	在当地有一定销售规模，但排名较后	2 分
D.	在当地处于起步阶段	0 分

③负责人品德及企业管理素质　　　　　　　　　　满分 4 分

该项指标根据企业的董事长、总经理、部门负责人的文化水平、道德品质、信用观念、同行口碑、企业制度建设、合同履约率等情况综合评价。

A.	主要负责人品德及企业管理素质好	4 分
B.	主要负责人品德及企业管理素质一般	2 分
C.	主要负责人品德及企业管理素质差	0 分

④业务关系持续期　　　　　　　　　　　　　　　满分 3 分

A.	与本公司的业务关系持续 2 年以上	3 分
B.	与本公司的业务关系持续 1～2 年	2 分
C.	与本公司的业务关系持续 2～12 个月	1 分
D.	与本公司的业务关系期少于 2 个月	0 分

⑤业务关系强度　　　　　　　　　　　　　　　　满分 3 分

A.	以本公司为主供货商	3 分
B.	以本公司为次供货商	1.5 分
C.	偶尔在本公司提货	0 分

⑥合作诚意　　　　　　　　　　　　　　　　　　满分 4 分

A.	合作态度好，愿意向本公司提供报表	4 分
B.	合作态度一般，向其索取财务报表有一定难度	2 分
C.	合作态度差，不愿意向本公司提供财务报表	0 分

⑦员工人数　　　　　　　　　　　　　　　　　　满分 2 分

A.	人员稳定，从业人数 100 人以上	2 分
B.	从业人数 30～100 人	1 分
C.	从业人数少于 30 人或人员流动性大	0 分

⑧诉讼记录　　　　　　　　　　　　　　　　　　满分 4 分

A.	无诉讼记录	4 分
B.	有诉讼记录但已全部胜诉	3 分
C.	有未决诉讼，或已胜诉但不能执行	1 分

D. 有诉讼记录，败诉　　　　　　　　　　　　　　　0分

（2）信用履约评价　　　　　　　　　　　　　　　38分

①信用履约率　　　　　　　　　　　　　　　　　满分20分

信用履约率=上季累计偿还到期信用额/上季累计到期信用额×100%

满意值为100%

得分=实际值×20

②按期履约率　　　　　　　　　　　　　　　　　满分14分

按期履约率=上季累计按期偿还到期信用额/上季累计到期信用额×100%

满意值为100%

得分=实际值×14

③呆/坏账记录　　　　　　　　　　　　　　　　　满分4分

上季无呆/坏账记录　　　　　　　　　　　　　　　4分

上季有呆/坏账记录　　　　　　　　　　　　　　　0分

（3）偿债能力评价　　　　　　　　　　　　　　　14分

①应收账款周转天数　　　　　　　　　　　　　　满分4分

应收账款周转天数=90天×上季平均应收账款/上季销售额

上季平均应收账款=（上季初应收账款余额+上季末应收账款余额）/2

满分值为小于45天，超过90天为0分

得分=4×[1-（实际周转天数-45）/45]

②流动比率　　　　　　　　　　　　　　　　　　满分3分

流动比率=上季末流动资产/上季末流动负债×100%

满意值为大于1.5

得分=实际值/1.5×3

③速动比率　　　　　　　　　　　　　　　　　　满分4分

速动比率=（流动资产-存货-待摊费用-待处理流动资产损失）/流动负债×100%

满意值为大于1

得分=实际值/1×4

④资产负债率　　　　　　　　　　　　　　　　　满分3分

资产负债率=上季末总负债/上季末总资产×100%

满意值为低于50%（低于或等于50%均得满分）

得分 = 3 × [1 – （实际值 – 50%）/50%]

（4）经营能力评价　　　　　　　　　　　　　　14 分

①注册资本　　　　　　　　　　　　　　　　　满分 4 分

A. 注册资本在 100 万元（含 100 万元）以上　　4 分

B. 注册资本 50 万元 ~ 100 万元　　　　　　　　2 分

C. 注册资本在 50 万元以下　　　　　　　　　　0 分

②年营业额　　　　　　　　　　　　　　　　　满分 6 分

A. 年营业额 8000 万元以上　　　　　　　　　　6 分

B. 年营业额 5000 万元 ~ 8000 万元　　　　　　5 分

C. 年营业额 2000 万元 ~ 5000 万元　　　　　　4 分

D. 年营业额 1000 万元 ~ 2000 万元　　　　　　3 分

E. 年营业额 500 万元 ~ 1000 万元　　　　　　　2 分

F. 年营业额 300 万元 ~ 500 万元　　　　　　　 1 分

G. 年营业额低于 300 万元　　　　　　　　　　　0 分

③营业额增长率　　　　　　　　　　　　　　　满分 4 分

营业额增长率 =（上季销售收入额 – 前季销售收入额）/前季销售收入额

满意值为 10%（高于或等于 10% 均得满分）

得分 = 实际值 × 4/10%

（5）盈利能力评价　　　　　　　　　　　　　　6 分

①销售毛利率　　　　　　　　　　　　　　　　满分 3 分

销售毛利率 = 至上季销售毛利/至上季销售额

上季销售毛利 = 上季销售额 – 上季销售成本

满意值为 6%（高于或等于 6% 均得满分），毛利为负值的不得分

得分 = 实际值 × 3/6%

②销售净利润率　　　　　　　　　　　　　　　满分 3 分

销售净利润率 = 至上季净利润/至上季销售额

满意值为 2.5%（高于或等于 2.5% 均得满分），利润为负值的为 0 分

得分 = 实际值 × 3/2.5%

4. 信用等级标准

（1）能提供财务报表的客户

①经销商

AAA 级。得分为 90 分（含 90 分）以上，且信用履约率得分为满分，按时履约率得分为满分，无呆、坏账记录，年营业额不低于 5000 万元。

AA 级。得分为 80~90 分（含 80 分），且信用履约率得分为满分，按期履约率得分不低于 12.6 分，无呆、坏账记录，年营业额不低于 3000 万元。

A 级。得分为 70~80 分（含 70 分），且信用履约率得分为满分，按时履约率得分不低于 11.2 分，无呆、坏账记录，年营业额不低于 1800 万元。

B 级。得分为 60~70 分（含 60 分），且信用履约率得分不低于 18 分，按时履约率得分不低于 9.8 分，无呆、坏账记录。

C 级。得分为 50~60 分（含 50 分），信用履约率得分不低于 15 分，按时履约率得分不低于 8.4 分，无呆坏账记录。

②系统集成商

AAA 级。得分为 85 分（含 85 分）以上，且信用履约率得分为满分，按时履约率得分为满分，无呆、坏账记录，年营业额不低于 2000 万元。

AA 级。得分为 75~85 分（含 75 分），且信用履约率得分为满分，按时履约率得分不低于 12 分，无呆、坏账记录，年营业额不低于 1500 万元。

A 级。得分为 65~75 分（含 65 分），且信用履约率得分为满分，按时履约率得分不低于 10 分，无呆、坏账记录，年营业额不低于 500 万元。

B 级。得分为 55~65 分（含 55 分），且信用履约率得分不低于 16 分，按时履约率得分不低于 9 分，无呆、坏账记录。

C 级。得分为 45~55 分（含 45 分），信用履约率得分不低于 10 分，按时履约率得分不低于 8 分，无呆、坏账记录。

③不能提供财务报表的客户

对不愿意提供财务报表的客户，其信用等级最高只能评为 B 级。

B 级。得分为 60 分（含 60 分）以上，且信用履约率得分不得低于 18 分，按时履约率得分不低于 9.8 分，无呆、坏账记录。

C 级。得分为 50~60 分（含 50 分），且信用履约率得分不低于 15 分，按时履约率得分不低于 8.4 分，无呆、坏账记录。

4.5 客户信用调查办法

为了规范本公司的客户信用调查操作方法，特针对客户信用调查过程中的调查机构选择、具体调查方法以及调查报告的撰写等方面的业务操作方法，整理归纳如下：

1. 调查机构的选择

（1）外部调查

外部调查是聘请外部的专业机构进行客户信用的调查，具体可操作的方法有聘请金融机构、专业的资信调查机构等。

①通过金融机构（银行）调查：
- 通过银行掌握客户大概的资信情况；
- 因客户的业务银行不同，需要花费较长时间才能得出调查结果；
- 通过银行难以把握具体细节；
- 可信度比较高；
- 所需费用少；
- 通过委托调查，有利于提高本公司的信用。

②通过专业资信调查机构调查：
- 能够按照本方提出的调查意图调查；
- 能够在短时间内完成调查；
- 调查人员的素质和能力对调查结果影响很大；
- 经费支出较大。

③通过客户或同行业组织调查：
- 熟悉本行业情况，可以进行深入具体的调查；
- 真实情况与虚假信息混杂，难辨真伪；
- 因竞争关系，诸多信息会秘而不宣，难以把握整体；
- 受地域性限制。

（2）内部调查

内部调查是指本公司自行借助员工进行调查，或利用新闻报道等材料进行分析。

①借助客户内部员工进行调查：

- 委托客户内部员工进行调查；
- 利用与客户内部员工交往的机会，了解客户的信用状况；
- 从公司派出机构获得调查资料。

②分析新闻报道
- 通过客户子公司经营不景气的消息，判断母公司经营情况；
- 由某行业大公司经营危机，判断客户的经营情况。

2. 调查方法

（1）经营者调查

对经营者的调查主要从以下一些方面展开：
- 其家庭气氛和店铺内气氛是否沉闷、冷淡？
- 其夫妇关系是否紧张？
- 是否沾染了赌博、酗酒等不良嗜好？
- 是否对工作有热情？
- 是否对工作放任自流、不闻不问？
- 是否热衷于社会兼职和名誉职务？
- 其行为是否与企业经营的理念、方针相悖？
- 其经营人员是否努力工作、刻意进取？
- 是否确定了合适的继任者、无权利争夺之虞？
- 是否制定出明确的经营方针？
- 经营者之间是否存在着财产争夺的隐患？
- 是否高高在上、只管发号施令？
- 是否为筹集资金而伤神？
- 经营者之间是否存在面和心不和、相互掣肘的情况？
- 讲话是否颠三倒四、朝令夕改？
- 是否难寻踪影？
- 是否整日面容憔悴、疲惫不堪？
- 对主要经营指标是否一无所知，或一知半解？
- 是否不拘小节？
- 员工见到经营者打电话时是否经常窃窃私语、神秘兮兮？

（2）企业内部状况调查

关于企业内部状况的调查，主要有以下要点：

- 员工是否崇尚团队精神，团结一致？
- 员工是否服从上司领导，做到令行禁止？
- 对分配的工作，员工能否按时、保质地完成？
- 辞职率是否居高不下？
- 员工中是否有人从事第二职业？
- 员工劳动纪律是否松懈？
- 员工是否将牢骚、不满向企业外部人员倾诉？
- 员工是否在已知总经理行踪的情况下仍对询问故作不知？
- 总经理不在时，员工是否表现出兴高采烈的表情？
- 生产、办公场所是否经常有身份不明的外来者？
- 办公区域、仓库等地是否杂乱无章、一片狼藉？
- 员工是否每日无所事事？
- 员工是否有不检点行为？
- 对不良行为是否放任自流？
- 是否有营业员还向已断绝交易的供货商订货，以牟取私利？
- 员工是否违反规定低价卖出商品以中饱私囊？
- 是否有营业员超批量订货？
- 是否有营业员购入明显质次价高的商品？
- 库存量是否急剧增减？

（3）资金筹措

对客户资金筹措状况的调查主要包括以下一些方面的内容：

- 支付状况发生变化；
- 现金不足，提前回收货款以解资金不足之急；
- 要求票据转期；
- 将票据贴现，将证券折成现款；
- 出现预收款融资票据和借入性融通票据；
- 为筹措资金而低价抛售；
- 延期支付债务；
- 出现来往融通票据；
- 取消公积金和交易保证金；
- 提前回收赊销款；

- 开始利用高息贷款；
- 经营者和负责支付货款者对本企业人员避而不见；
- 频繁更换业务银行；
- 经营者和财务负责人经常奔走于各类金融机构；
- 与业务银行的关系紧张；
- 传闻其他债权者无法索回借款；
- 业务银行对其采取强制措施；
- 其票据被银行拒付；
- 与其他债权者关系紧张；
- 银行账户被冻结。

（4）支付情况

对客户支付情况的调查是客户信用状况调查的一项重要内容。客户支付情况调查从以下一些方面入手：

- 能如约付款；
- 支付货款构成中现金（或票据）所占比例过小；
- 推迟现金支付日；
- 由支票变为票据支付；
- 对一部分供货商消极应付；
- 经常托辞本公司的付款通知书未到；
- 无故推迟签发票据；
- 要求票据延期；
- 变更支票和票据的签发银行；
- 收到新业务银行签发的票据；
- 开始进行小额融资；
- 突然向银行借入单名期票；
- 每天进行票据结算；
- 再三督促支付货款，却如石沉大海，杳无音信；
- 对催付货款应付缺乏诚意；
- 连表示其信用和诚意的小额货款都拒不支付；
- 票据被银行拒付；
- 书写准确的挂号催款信件被退回；

- 要求延长全部票据的支付期限；
- 受到银行的强制性处分；
- 银行账户被冻结。

3. 调查结果的处理

（1）编写客户调查报告

①营销人员必须将营销过程中进行的客户信用调查结果及时报告给主管上司。

②报告的方式可分为日常报告、紧急报告和定期报告三种。

（2）客户信用状况骤变的对策

①营销人员如发现自己所负责的客户信用状况发生变化，应直接向上司报告，并寻求解决对策。

②对所发现的异常情况，按"紧急报告"类处理，口头或电话报告。

③采取的对策措施必须有上司的明确指示，不能擅自处理。

④对信用状况恶化的客户，原则上可进行以下处理：

- 要求客户提供担保人和连带担保人；
- 增加信用保证金；
- 交易合同取得公证；
- 减少供货量，或进行发货限制；
- 接受代位偿债和代物偿债。

合同有担保人时，向担保人追索债务；合同中有抵押物担保时，接受抵押物还债；有前两者抵押债权时，从后至前交涉，返还债权。

4.6 客户信用状况分析办法

客户的信用状况并不是一成不变的，一些突发事件会迅速恶化客户的信用状况。所以，公司必须随时关注客户信用状况的变化，及时寻找交易中的应对措施以确保应收账款的安全。为此，本公司特制定本办法，从以下各条分析客户信用状况的变化：

第一条 银行信贷较重，利息支出较多。

第二条 库存较多，资金占用很严重。

第三条　经营状况不佳，长期没有利润。

第四条　企业经营时间短，变动要素多。

第五条　经常出现呆账。

第六条　员工数量过于庞大，冗员较多。

第七条　经营赤字不断增加。

第八条　缺乏经营战略。

第九条　该行业已步入"夕阳"行业之途。

第十条　景气的好坏呈现剧烈变化。

第十一条　技术条件差，销售水平有限。

第十二条　事业扩展欲太强，不考虑实际能力。

第十三条　经营没有计划性，走一步看一步。

第十四条　时常更改企业的经营方向，不想长期经营。

第十五条　办公费用支出较大，很多是没有必要的浪费。

第十六条　经营者没有足够的专业知识。

第十七条　经营者个性优柔寡断，领导能力不够。

第十八条　对部属疑心很重。

第十九条　有变卖资产的迹象。

第二十条　工作人员经常离职。

第二十一条　销货量突然停止。

第二十二条　订单数越来越少。

第二十三条　销售业绩与初期计划相差甚远。

第二十四条　虽投入巨大，却没有进展。

第二十五条　产品库存量惊人，而且没有减少的趋势。

第二十六条　经营者没有真才实学却爱夸夸其谈。

第二十七条　经营者讲话语气狂妄，自高自大。

第二十八条　经营者对部属疑心重重，经常发牢骚。

第二十九条　经营者时常焦躁不安，不能心平气和地谈问题。

第三十条　办公室死气沉沉。

第三十一条　下级不信任上级或心生不满。

第三十二条　员工没有心思上班，办事效率不高。

第三十三条　员工经常辞职，人事变动频繁。

第三十四条　以前用现金支付，现在突然改为全面使用票据支付。
第三十五条　开始大量借贷，甚至是高利贷。
第三十六条　开始出售固定资产。
第三十七条　大量解雇员工。
第三十八条　经常不发薪水。
第三十九条　开始处理库存商品。

4.7 客户信用调查总表

填表日期　　　年　　月　　日

项目 公司名称	信用等级 ABCD	总资产 单位：万元	净资产 单位：万元	评定等级 ABCD	发展前景 ABCD

4.8 客户信用调查明细表

公司名称			地址		电话	
负责人			住所		电话	
创业日期	年 月 日	营业项目		经营方式	独资（ ）合伙（ ）公司（ ）	
开始交易日期	年 月 日	营业区域		经营地点	市场（ ）住宅（ ）郊外（ ）	

负责人	性格	温柔( )兴奋( )开朗( )古怪( )自大( )	气质	稳重( )寡言( )急躁( )饶舌( )
	兴趣		信誉	
	学历	大学( )高中( )初中( )小学( )	出生地	
	经历		说话要领	能说( )口拙( )普通( )
	思想	稳健派( )保守派( )革新激进派( )	嗜好	酒:饮( )不饮( )香烟:抽( )不抽( )
	长处		特长	
	短处		技术	熟练( )不很熟练( )不懂( )

会计方面	银行往来		银行信用	很好( )好( )普通( )差( )很差( )
	账簿组织	完备( ) 不完备( )	同业者评判	很好( )好( )普通( )差( )很差( )
	经营组织	股份公司( )个人经营( ) 有限公司( )合资公司( )	近邻评价	很好( )好( )普通( )差( )很差( )
	资本额	元	付款态度	爽快( )普通( )尚可( )迟延( )为难( )嗜欠尾款( )
	营业执照登记号码		备 注	

续表

使用店铺	资产	汽车( )辆				自 有	租 用
	场所	马路边( ) 离马路不远( ) 离马路很近( ) 偏僻( )				面积	面积
	店内	装饰好( ) 普通( ) 差( )				层数	层数
	保险	火险(元) 无( )				市价	月租

营业方面	交易品种	交易品名	月份销售量	金额	备注	购卖炉具情况	牌 名	月销数量	年销数量
		液化气	吨						
		煤气器具	件						
		台 炉	台						
		热水器	台						
		煤气锅	台						
		煤气灶	台						
		其 他	台						
		合 计	台						

信用核定限额	1. 年 月 日 元	计入盖章	5. 年 月 日 元	计入盖章	9. 年 月 日 元	计入盖章
	2. 年 月 日 元	〃	6. 年 月 日 元	〃	10. 年 月 日 元	〃
	3. 年 月 日 元	〃	7. 年 月 日 元	〃	11. 年 月 日 元	〃
	4. 年 月 日 元	〃	8. 年 月 日 元	〃	12. 年 月 日 元	〃

总经理： 经理： 科长： 主任： 经办：

4.9 客户信用度评判简表

公 司 名 称		评判日期	
评 判 要 素	评 判 基 准	评 分 情 况	备 注
经营者的事业心			
经营者的企划能力			
经营者的知识经验			
经营者的健康状况			
人才培养			
管理人员			
下属人员			
从业人员			
工作环境			
库存管理			
总分数	评语		

4.10 客户员工信用度评价表

士气	全员有干劲	
	全员的士气很高昂	
	诚实、亲切的人比较多	
	员工都有谦虚的品性	
	员工间都很和睦	
上进心	经常教育、训练员工	
	热心于公司技术的革新	
	贯彻公司商品知识	
	热心于设备的革新	
	热心于产品开发	
评语	没有花边新闻的丑闻	
	没有员工受贿的丑闻	
	没有派系对峙的丑闻	
	没有劳资对立的谣传	
	没有员工间对立的谣传	
工作态度	兢兢业业	
	服装整洁	
	工作岗位的整理、整顿做得很彻底	
	机敏的工作态度	
	有效率	
薪金等级	薪金在一般水平	
	没有不公平的薪金制度	
	没有延误发薪的传闻	
	员工的储蓄率很高	
评价		

制表人：_____　　　　　制表日期：_____年_____月_____日

4.11 客户信用度项目分析表

1. 公司
（1）业界动向

• 生意往来企业之业界动向是好是坏	
• 现今国际环境、状况下的动向如何	
• 金融环境如何	
• 业界未来的展望是光明还是黑暗	
• 业界的长期展望如何	

（2）经营素质

• 生意往来企业的经营是法人还是个人	
• 其资本、资金如何	
• 同行的评价如何	
• 总公司、关系企业、主要银行的信赖如何	
• 投资关系如何	

（3）评语

• 是否有不当交易的传言	
• 是否有政治性不明朗的传言	
• 与问题多的外部团体的联系如何	
• 是否有计算上不公正的传言	
• 税务是否正当	

（4）市场

• 主力商品的利益率多少	
• 销售战略是否困难	
• 批发商或零售商品是否安全	
• 对新产品开发、技术开发是否热心	
• 库存管理、交货措施是否安全	

（5）财务状况

• 过去的平均利益如何	
• 公司的资产怎样	
• 贷款是否适当	
• 过剩投资是否安全	
• 是否有不良的债权	
评价	

2. 管理人员

（1）负责人的素质

• 人品是否可信赖	
• 领导能力如何	
• 健康、体力如何	
• 年龄多大	
• 经营理念是否坚定	

（2）负责人的个人条件

• 家庭是否圆满	
• 是否有花边新闻	
• 酒品是否很坏	
• 是否爱好赌博	
• 是否有很多兴趣、嗜好	

（3）负责人的评语

• 在商场上的声誉如何	
• 是否受职员敬爱	
• 是否有不明朗的政治关系	
• 是否与特别的暧昧团体有关联	
• 是否有犯罪的记录	

（4）负责人的经营能力

• 经营手法如何	
• 业绩如何	
• 指导部属是否卓越	
• 是否费心地培育后继人才	
• 顾客或主要银行的评语如何	

（5）负责人的资产

• 个人资产与其经营规模是否成正比	
• 个人贷款是否过多	
• 是否有个人的事业	
• 凡事是否都不编列预算随意支出	
• 抵押状况如何	
评价	

3. 职员

（1）士气

• 全员的士气很高昂	
• 全员有干劲	
• 很多诚实、亲切的人	
• 很多职员都有谦虚的品性	
• 职员间很和睦	

（2）向上心

• 经常教育、训练职员	
• 贯彻公司商品的知识	
• 热心于产品开发	
• 热心于设备的革新	
• 热心于技术的革新	

（3）评语

• 没有派系对峙的传闻	
• 没有花边新闻的丑闻	
• 没有职员受贿赂的丑闻	
• 没有劳资对立的传言	
• 没有职员间对立的传言	

（4）工作态度

• 勤勉	
• 服装整洁	
• 工作岗位的整理、整顿做得很彻底	
• 勤勉的工作态度	
• 有效率、机能	

（5）薪资等

• 薪金在一般水平	
• 没有不公平的薪俸制度	
• 没有延误发薪的传闻	
• 合理地使用营业费	
• 职员的储蓄率很高	
评价	

4.12 客户信用状况变化一览表

	审 核 项 目	情况明显	状况轻微	无此迹象
全盘经营方面	销售成长现象戛然而止			
	虽然做了大规模的投资,但新的事业却不见起色			
	虽然库存吓人,但却一直毫无消化的动静			
	虽然并无确定的市场展望,然而却仍任由生产部门维持过剩的产量			
	实际业绩与经营计划的目标相去甚远			
	尽管订单数量和销售量与计划的目标有着巨大的差异,却仍不断地增添生产设备			
	企业长期以来的主力热门商品的销售成长率已经谱下休止符,然而却仍未能开发出可资取代的第二种主力商品			
	由于大规模进货,厂商的订单已经开始大幅锐减,或是改用内制方式,使得外发作业宣告中止			
经营者的言行举止方面	讲话的口气比以前更为狂妄,嘴里老是挂着远大的计划			
	有时也听得见软弱的言辞,甚或几近牢骚满腹的话			
	让人察觉有一种强颜欢笑的表情			
	对于部属的疑心突然加重,恶言恶语地讲话以及在董事长室咆哮发怒的情况变得经常可见			
	明显地呈现焦躁不安的状态,无法心平气和地讲话			
	比以前更常外出,部属们都不知道他的下落			

续表

审 核 项 目	情况明显	状况轻微	无此迹象
办公室里的气氛			
比以前显得更为死气沉沉			
员工们对上级部门产生不信任及不满的感觉			
有能力的员工辞职而去的情况变得非常频繁			
无法了解的人事变动及调职事情变得显眼起来			
女员工或打工人员的替换情况变得频繁起来			
干部会议比以前更为频繁			
主管经常不在座位上,有事想联络都难以联系得上			
整个办公室失去了宁静,员工们表现出一副没有心上班的模样			
倒闭的征兆			
发生要求支票持票人宽延支票的期限或拜托持票人不要兑票的事情,或者是听到这样的传闻			
以前是现金交易的,如今却突然改为票据往来			
开始向高利贷发放者调钱周转			
似乎已开出空头票据流通于市面			
开始处置库存的货物产品			
展开脱售不动产的行动			
大量地解雇员工			
闹出薪水迟发的情况			
出现经营者频频换位的情况			

4.13 客户信用管理表

企业名称			地　址		
			电　话		
负责人			出生日期		
负责人	性　格				
	兴　趣				
	学　历				
	能　力				
工厂	规　模				
	产　量		布　置		
	附近同行				
营业方面	营业经办		交易开始		
	主要客户				
	营业地区				
	交易产品	类型	月份销售能力		
			厂牌：	厂牌：	厂牌：	厂牌：	厂牌：
			类型	价格	类型	价格	类型	价格	类型	价格	类型	价格
会计方面	往来银行		往来银行		
	账号		账　号		
	银行信用		银行信用		
	经营组织		资本金		
	账簿设立		付款日期		
	同行评价				
	结账情形				
评语	负　责　人		经　　理		总　经　理

4.14 客户信用评估与建议表

No.＿＿＿＿
日期：＿＿＿＿

客户编号		建议发货最高限度	
客户名称			
成立日期			

预计销货	向本公司采购产品：	
	每月平均采购数量、金额：	
	采购旺季：	
客户业务状况	销售产品名称：	
	平均月销售量：	
	销售地区比例：	
	未来营运方针	
结论	商场经营经验：	
	市场销售能力：	
	财务状况：	
	关系企业名称：	
	其他供应厂商：	
	对该公司意见：	

经理：＿＿＿＿　主管：＿＿＿＿　调查者：＿＿＿＿

4.15 客户资信分析表

客户名称：_____　　客户编号：_____

1. 客户分析
（1）电话号码：_____ （2）设立日期：_____ （3）资本额：_____
（4）组织形态：□公司　□合资　□独资　□其他
（5）经营形态：□零售　□批发　□小摊　□其他 　　　　　　　□百货　□杂货　□运动用品
（6）经营者：_____年龄：_____文化程度：_____住址：_____
（7）是否自己拥有房地产？　□有，价值_____元　□没有
（8）有无投资其他事业？　□有，价值_____元　□没有
（9）营业场所：□自有　　□租赁　　□其他
（10）平均每日销售额_____元
（11）是否是本地区的主力店：□是　　□不是
（12）付款方式：□现金　□本人支票　□划拨　□其他 　　　银行账号：_____　开票人：_____　银行：_____
（13）与本公司往来自_____起 　　　交易方式：□买断　□寄销　□两者皆有
（14）实际付款期限为自发货日起_____天 　　　是否喜欢现金折扣：□喜欢_____%　□不喜欢
（15）收款注意事项：_____
（16）过去三年交易实绩：____年____元　____年____元　____年____元
（17）收款记录：□优良　□普通　□还可以　□不好
2. 经营状态
（1）设施：_____
（2）现值：_____
（3）每日平均营销额：_____
（4）公司面积：_____
（5）员工人数：_____
3. 信用评定
（1）信用限度为：_____
（2）信用条件修改为：_____
4. 信用限度建议
（1）目前信用限度：_____ 　　　建议或应修改信用限度为：_____
（2）信用条件拟建议或修改为：_____

4.16 客户资信限度核定表

客户编号					
客户名称					
地　址					
负责人					
部门类别	以往交易已兑现额	最近半年平均交易额	平均票期	收款及票据金额	原信限	新申请信限

主办信用综合分析研判（包括申请表的复查、品德、经营盈亏分析、偿债能力、核定限度的附带应注意事项等）	信限的核定或审查意见	签章及日期
	营销人员	
	营销主管	
	营销经理	
	总公司	
	生效日期	

4.17 客户信用审核表

审 核 项 目	明显	轻微	无此迹象
经营状况	销售增长现象突然停止			
	虽然进行大规模的投资，但新的事业却不见起色			
	虽然库存急增，却一直毫无消化的迹象			
	虽无确实的市场预测，却仍任由生产部门维持过剩产量			
	实际业绩与营运计划的目标相去甚远			
	订单数量和销售量与计划目标有着巨大差异			
	业务量开始大幅锐减			
办公气氛	比以前更加沉闷			
	员工对上级部门产生不信任及不满情绪			
	有能力的员工辞职频繁			
	无法了解的人事调动及调职明显增加			
	会议比以前更为频繁			
	主管经常不在办公室			
倒闭迹象	出现要求支票持票人宽延支票期限的情况			
	以前是现金交易，如今却突然改为票据往来			
	开始向高利贷者借贷			
	似乎已开出空头票据流通于市面			
	开始处置库存的货品			
	展开抛售不动产的活动			
	大量地解雇员工			
	员工工资无法按时发放			
	经营者频频更换			
经营者言行举止	总是夸耀远大的计划			
	牢骚满腹			
	表情多变			
	对于部属的疑心突然增强			
	明显地呈现焦躁不安的状态，无法心平气和			
	行踪不定			

4.18 变更信用额度申请表

业务员：＿＿＿＿
日　期：＿＿＿＿

客户名		编号		负责人	
地址		电话		传真	
与本公司交易日期					

往来记录	年					前六个月	月				
	销售额						销售额				

原信用额度及办法

拟变更的信用额度及办法

经理批示	主管批示

4.19 客户信用限度核定表

客户编号	
客户名称	
地　　址	
负责人	

部门别	以往交易已兑现额	最近半年平均交易额	平均票期	收款及票据金额	原信限	新申请信限

主办信用综合分析研判（包括申请表之复查、品德、经营盈亏分析、偿债能力、核定限度之附带应注意事项等）	信限之核定或审查意见		签章及日期
	主办信用		
	业务主任		
	区经理		
	总公司		
	生效日期		

4.20 客户信用度变更表

客　　户		负　责　人	
地　　址		电　　话	
年　　度 交　易　额			
信用等级 变更原因			
信用度变动主要内容（资产、交易量等）			
以后发展 对　　策			
业务部门 审　　批			
备　　注			

第5章

客户渠道管理必备制度与表格

5.1 客户渠道管理流程图

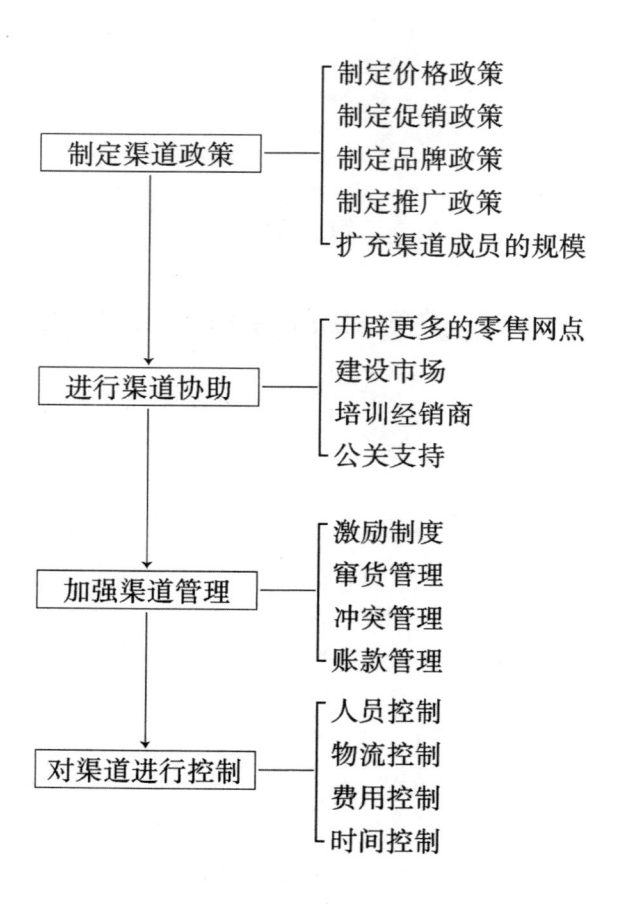

制定渠道政策
- 制定价格政策
- 制定促销政策
- 制定品牌政策
- 制定推广政策
- 扩充渠道成员的规模

进行渠道协助
- 开辟更多的零售网点
- 建设市场
- 培训经销商
- 公关支持

加强渠道管理
- 激励制度
- 窜货管理
- 冲突管理
- 账款管理

对渠道进行控制
- 人员控制
- 物流控制
- 费用控制
- 时间控制

5.2 客户渠道管理原则

1. 有效性原则

一方面，企业在对目标市场进行有效细分的前提下，要进一步对可能的销售渠道的分销效能、服务能力、维护成本和影响力等方面进行综合分析，从而明确各渠道的优势和劣势并合理规划，保证进入的渠道同细分市场的特点相匹配，从结构上保证所构建的营销链的有效性，实现对区域市场的有效覆盖，例如在装饰材料行业中，对商业用户细分市场的覆盖，必须嫁接或进入建材批发渠道及五金店等具有组货配套功能和建筑装饰功能的工程渠道，服务于大批量的工程商用客户；对一般家庭用户，必须利用建材专业市场等以零售为主、批零兼营的分销渠道；而对家庭装饰用户中的高端客户，则越来越多地需要利用综合建材连锁超市等大型零售渠道来为他们提供针对性的服务以获取高利润。可以看出，其中任何一种渠道都不可能有效交叉覆盖另一个细分市场。

另一方面，强调整合各细分渠道中在素质、规模、实力、服务和管理等方面有特长的终端、大批发商和新兴大型零售商等优秀渠道资源，注重渠道质量，使企业的营销链具有强大的分销力，对目标区域市场产生关键性影响，对竞争对手产生冲击力。

2. 集体效率最大化原则

要充分考虑渠道中商流、信息流、物流、资金流的顺畅性和运营维护成本，在规划区域市场渠道结构时，除考虑容量、需求、产品特性和地理等一般性影响因素外，还应考虑到区域商流的习惯性，合理设计渠道层次关系，减少不合理、不能实现增值的物流环节，实现基于渠道效率基础上的扁平化。如改变以往由中心城市覆盖地级，再由地级覆盖县级的一般性渠道构建思路。在区域传统商业集散地设立总代理，利用业已存在的商流联系，直接覆盖地、县等二、三级市场；在集中的专业市场内由特约经销商设立库存，覆盖多个一般分销商（无须增加库存），既实现了物流集中和库存集约，又在很大程度上保证了渠道占有，使渠道的整体效率最大化。这样同时减少了渠道冲突，利于稳定区域市场秩序，有效降低维护费用。

3. 增值性原则

以顾客价值最大化为目标，通过渠道创新、功能发育、策略调整、资源投入等方法，提高整个营销价值链的服务增值能力和差异化能力。企业通过为顾客提供针对性的增值服务，使产品获得有效差异，从而提高用户满意度和忠诚度，从根本上摆脱产品同质化引起的过度、无序竞争的销售困境；同时通过增值服务使营销链价值创造能力大大改善，提高各环节利益，从而增加营销链的稳定性和协同性。如某饲料企业在培育原有经销商养殖服务功能的同时，进行渠道创新，发展兽医和猪贩等成为饲料分销商，企业将市场促销调整为服务营销，加大服务资源投入，充分利用渠道的服务功能为养殖户提供防疫、饲喂、品种改良、出栏收购等综合服务，改善其养殖效益，从而提升了市场份额和用户忠诚度。

4. 分工协同原则

企业除了通过渠道分工使不同类型的渠道覆盖相应的细分市场外，更要强调营销链各环节间的优势互补和资源共享，以有效地获得系统协同效率，即提高分销效能，降低渠道运营费用。如企业利用管理经验、市场能力、技术服务等优势，承担品牌运作、促销策划、助销支持和市场维护等管理职能；核心经销商利用网络、地缘、资金、配送系统等优势，承担物流、结算、配合促销实施、前期推广等分销职能；各零售终端利用地理位置、影响力、服务特色等优势，承担现场展示、用户沟通、客户服务和信息反馈等销售职能。

5. 针对性竞争原则

深度营销的基础是以竞争为核心的战略市场营销，其渠道策略是竞争导向，根据企业在区域市场的综合实力，确定主要竞争对手，以营销链的系统协同效率为基础，通过不断蚕食、集中冲击等竞争手段，展开客户争夺，从而获得区域市场主导地位。如在区域市场中，根据具体竞争格局和趋势，一般确定直接竞争或构成主要障碍的竞争对手为打击目标（综合实力相对较弱的情况下，则选择第二、三位的竞争对手为首攻对象），在终端争夺、促销宣传、价格策略等方面针对性冲击对手，逐步扩大市场份额，提升渠道质量和管理水平，在条件成熟时发起对主导品牌的冲击，夺取区域市场第一的竞争位势。

6. 集中开发、滚动发展原则

企业要主导营销价值链，必然密集营销资源投入，如管理人员、助销支持、服务保障、品牌宣传等，如果同时在广泛的市场展开，大部分企业承受不了，况且不区分市场潜力和容量大小的盲目投入也不可能有好的回报，所以企业必须选择现有核心市场，集中优势资源，才能达到区域第一的目标。另外，在区域市场的渠道规划和建设中，也必须采用滚动发展、逐步深化的方式。一般企业原有的分销渠道模式和运作方法，在经销商、业务人员和营销管理者的思维中已形成定势，加上原有矛盾的积淀和市场格局高度竞争的现实，一步到位往往难度较大，应因势利导，循序渐进，在"秩序中保持进步，在进步中保持秩序"。

7. 动态平衡原则

首先，规划渠道时要保证区域市场容量与批发商和终端的分销能力保持动态平衡。批发商市场覆盖能力和零售终端的密度直接关系着企业分销网络整体布局的均衡状况，如果批发商覆盖能力小、终端布点太稀，则不利于充分占领市场；如果批发商覆盖能力强而其规划的区域小，或终端布点太密，则可能加大销售成本、降低销售效率，并加剧渠道冲突。所以必须根据区域市场容量和结构的变化，结合各渠道成员的具体发展状况适时调整，使渠道成员"耕有其田，各尽所能"。

其次，在渠道结构调整方面，要与区域流通业和用户消费习性的发展变化保持动态平衡。当前，流通领域正处于变革时代，小规模零散型的传统渠道大部分衰退，连锁、特许加盟等规模化集约经营的大型流通商正在崛起，同时专业物流商高速发展。对大多数企业来说，深入研究现有及潜在的渠道，尽可能跳出单一渠道的束缚，采用合理的多渠道策略是有效提高市场占有的必然选择。如在核心区域市场逐步收缩传统分销网络，积极介入新兴大型连锁零售渠道，同时积极嫁接专业物流商，逐步剥离物流配送，集中精力进行市场运作，实现渠道管理职能的转化并适时实现渠道的扁平化。应当指出，处于流通领域变革时代的市场现实是区域差异性大、各类渠道发展不平衡、消费者需求偏好个性化等等，这要求采用多渠道策略的企业要掌握更多的渠道管理知识，认清趋势，及时介入，大胆尝试，不能因为担心渠道冲突就放弃具有细分价值和发展潜力的渠道；同时要审时度势，平稳过渡，在分销环节应慎重把握，而对于零售环节则可全面介入。

最后，渠道策略要与企业市场战略目标保持匹配，推动市场的有序扩张和可持续发展。在渠道规划和管理中，企业应注意市场发展的短期利益与长期战略目标相结合，为此可以在某些影响力大、地位重要、具有战略意义的核心市场如大中城市市场直控终端密集布点，挤走主要竞争对手，提高市场覆盖率，以利于建立市场优势和长远发展；同时在对手占优势的区域市场上，采用高端放货的渠道策略，配以高激励、低价格等政策，冲击竞争对手的已有网络，扩大品牌影响力，然后再整理和构建营销链，"精耕细作"，达到主导区域市场的目的。

5.3　特约店经营管理制度

第一条　本公司设置特约店的基准及营运方针，以本制度的具体规定为准。

第二条　经营商品

1. 经营商品以××为主体。目前的主力产品主要用于与原有客户的交易，为了将来的发展，目前也应视情况适当经营新产品。

2. 特约店负责前项商品的批发和销售。

3. 特约店不得销售其他厂商的同种产品。

4. 今后将逐次追加经营商品项目。

第三条　特约店的设置

1. 特约店的设置依下列规划进行：

（1）A 地区×家店；

（2）B 地区×家店；

（3）C 地区×家店。

2. 前项区域划分，可因销售额的提高、人口的增加及其他因素的变化而变更店数。

3. 本特约店制度只适用于大城市及附近县市，其他区域的实行方针依照总代理店的制度进行。

4. 特约店的选定。

（1）从以往与本公司有交易往来的零售店中筛选；

（2）从目前虽与本公司无交易或交易额极小，但却极具未来潜力的零售店中筛选。

5. 从业绩不高的零售店中筛选特约店时，须依照下列基准来进行：

（1）每年销售本公司产品数量××以上的店；

（2）每年销售××产品数量××以上者；

（3）目前的交易额度虽小，但具有诚意且付款及时者。

选店时，必须以经营稳健且具有合作性、能积极投入销售活动者为对象。

6. 未有交易往来而具实力者是指符合下列条件的零售商：

（1）该地区尚未有老客户介入；

（2）以地区性来说，具有销售潜力且未来仍有可能开拓销售渠道的零售店。

第四条　与非特约店交易客户的往来方式

1. 对于非特约店的交易客户，一概以既有的交易方法进行交易。

2. 不论商品出于本公司或出于特约店，价格都必须统一。

3. 对于新的交易申请，原则上应转给该地区的特约店办理。

4. 非特约店的商店交易，应随着特约店销售能力的增大而中止。相反，这些商店中如有交易能力增强者，应设法将其纳入特约店体制中。

第五条　特约店的义务

1. 根据过去的实绩及所在区域的消费实力，特约店每年要有一定的销售责任额。此额度每年必须经双方协议而修正。

2. 目前各商品的最低销售责任额暂定如下：

（1）××地区：××～××；

（2）新产品及新型号要依当时条件另订。

3. 特约店须加入总公司。

4. 总公司是以协助、扩展特约店业务为目的的实体。

第六条　交易方法

1. 交货给特约店的批价及特约店本身的售价须依下列规定实施：

（1）A价——公司批给特约店的价格；

（2）B价——特约店及公司给零售店的价格；

（3）C价——卖给一般消费者的售价；

（4）D价——季节前的交易价格，届时另订。

2. 为促进特约店的销售及鼓励其积极付款，本公司特设折扣制度。

3. 货款的缴付以每月25日为截止日，次月10日前须以现金缴付。如以期票缴付，付款金额包含折扣费。

4. 关于季节性的货款缴付，应另外订立特别价格。

5. 货物运送过程中所发生的破损等由本公司负担。

第七条　支援销售

1. 对于特约店，本公司将免费或以成本价提供销售用的目录、广告册、传单、海报等。

2. 本公司自行负担在报纸、杂志、传单及其他媒体上的产品宣传费用，在实行这些广告宣传之前，本公司应制作实施预定表，事前与特约店进行联络。

3. 本公司对特约店进行有关销售方法、商品说明方法及其他相关的培训，并指示销售计划。

4. 在开始销售新型产品时，公司免费提供或借给各特约店该产品的样品。

5. 本公司对特约店主及负责的店员进行有关产品的组合及使用方法、产品说明、销售时的应对方式等方面的培训指导。

第八条　产品制造方法

1. 如偏远地区的订货量增多时，可于市内及各地寻求转包工厂，由这些工厂负责产品的生产。

2. 本公司内部将自设模具工厂，由公司自己经营，至于生产方面本公司将再采取转包生产政策。

3. 针对×××及×××产品，本公司将设置装配工程部门，以付费方式委托其他单位。

5.4　特约店协会组织制度

第一条　目的

为更好地规范我公司特约店协会的工作，使其切实地起到沟通公司和特约店的作用，服务于公司和特约店，特制定本组织制度。

第二条　特约店协会的基本构成

1. 名称

本协会的名称为"××特约店协会"。

2. 办公处

本协会的办公处设于××公司内。

3. 会员资格

本协会的会员须与××公司缔结特约店契约，并已出资信用金，且满足过去一年的销售额达到××万元以上的条件，本协会特别指定者例外。

4. 管理阶层

本协会基于事业执行的需要，设置会长和副会长各一名，干事若干名，由会员互选产生，任期为一年，可以连任。

5. 会员的特惠

本协会会员享有"特约店交易规定"上的各种特别优惠条件。

第三条　特约店协会的原则

本协会以增进会员的销售绩效、促进业务的合理化、促进经营的发展及加强会员间的和睦关系等为原则。

第四条　特约店协会的主要工作

1. 修订、制定特约店的规定；
2. 为促使销售契约成立而进行各种磋商、协定；
3. 进行各种业务上的联络，使彼此的交易得以圆满进行；
4. 举办各种研究会、讲习会、训练会等，并进行指导；
5. 策划、开展各种活动来促进彼此间的和睦。

第五条　特约店协会的营运

1. 本协会每年举行一次讨论年度计划及进行业务报告、会计报告的大会。
2. 会长及副会长须依情况需要，召集人员组成董事会。
3. 董事会根据大会的议事项目决定有关会务运作的协议。

第六条　特约店协会的经费

1. 本协会每年的经费为×××元。
2. 所有会议、通信、联络等会务运作所必需的经费皆从年度经费中支出。
3. 学习、旅行等特别经费要依情况需要，由董事长会议决定。

第七条　附则

本制度自颁布之日起实施，其废止须由大会决定。

5.5　代理店经营管理制度

总则

第一条　目的

本制度旨在为××公司（以下简称"公司"）与××代理店（以下简称"代理店"）之间的代理业务关系确定依据。

第二条　销售区域

代理店的销售区域由双方共同商定。代理店如要进行指定销售区域外的销售，需事先通报公司，并征得公司同意。

第三条　销售产品

代理店经销的产品为公司制造的××系列产品。

第四条　销售责任额

代理店每月必须完成销售额××万元以上。代理店需在每月 25 日前将下月预定销售额通告公司。

第五条　销售价格

公司对代理店的供货价格及代理店对客户的销售价格由价格表另定。供货价格的变更须经双方协商决定。销售价格的变更，需征得公司同意。

第六条　购货保证金

根据购物量的多少，代理店应预交一定数量的购货保证金。

第七条　提交资料

代理店应向公司提交必要的业务资料，如客户名单、销售计划等。

交易条件

第八条　交货方式及运费

公司对代理店的供货地原则上以公司生产地为主。如代理店有特别要求，公司应将货物运送到指定地点。运费由代理店支付。如运输过程中发生损害，由双方协商解决。

第九条　退货

如供货与代理店订货内容不同，或因公司生产制造上的责任，造成质量问题，代理店可以将货物退回公司。

第十条　支付条件

货款的结算日为每月 20 日，代理店应在下月 10 日前将上一月的货款付清。

第十一条　削减供货

如代理店不能履行付款义务，或有违约行为，公司可以削减对代理店的供货。

业务支持

第十二条　目的

为了促进代理店的销售，保证代理店与公司间建立良好的合作关系，特提出各种奖励和支援措施。

第十三条　销售奖励制

如代理店 3 个月的平均订货量比上年同期 3 个月的订货量增加 30% 以上，公司将实行利益返还奖励。具体规定如下：

1. 增加 30% 以上　　　　　奖励 ×%
2. 增加 40% 以上　　　　　奖励 ×%
3. 增加 50% 以上　　　　　奖励 ×%
4. 增加 60% 以上　　　　　奖励 ×%

如代理店全部以现金支付货款，则返还 ×% 的利益，如以期票支付，且将期票时间缩短到 60 天（规定为 90 天），则奖励 ×%。

第十四条　协会

代理店加入公司的代理店协会，可以接受协会在经营管理和产品制造技术等方面的指导，无偿得到广告宣传品和经营资料。

限制

第十五条　同类产品经营限制

代理店未经公司同意，不得与第三方签订生产、销售与本制度第三条所规定相同或相类似的商品的合同。

第十六条　严守商业秘密

代理店与公司都有严守与双方交易过程有关的商业秘密的义务，不得泄露给第三方。

第十七条　违约处理

代理店如有违反本制度的行为，公司可以随时解除该代理店的代理资格。

第十八条　代理店间竞争的限制

代理店不遵守指定的销售区域限制，以非指定价格在其他销售区域销售产品，属不正当竞争行为，应予禁止。

如因代理店的不正当竞争行为引起代理店间发生纠纷，应由公司出面公正地调解。

第十九条　新设代理店

公司在新设立代理店时，必须经过认真调查，并征求已有代理店的意见。新代理店的设置不能损害原有代理店的利益。

附则

第二十条　仲裁地

当公司与代理店发生合同纠纷时，应在公司所在地的仲裁机构仲裁。

第二十一条　制度修改

本制度的修改由公司与代理店共同商定进行。

5.6 连锁店经营管理制度

总则

第一条 本连锁店属于由加盟店与××公司联合构筑的自由连锁店。

第二条 本连锁店的宗旨是互利互惠、相互合作、共存共荣，谋求各自事业的发展，共同服务于消费者。

第三条 本连锁店总部设在××公司内。

第四条 连锁店经营总部的任务是：

1. 指导各加盟店的经营管理。
2. 为各加盟店选择和提供经营商品。
3. 协调各加盟店内其他日常事务。

加盟店

第五条 加入本连锁店，须通过地区分部向总部提出申请。

第六条 总部要在对申请者经营情况和所在地区市场情况进行分析的基础上，做出决定。

第七条 各加盟店必须在显著位置挂有本连锁店标识。

第八条 各加盟店在一年中必须经销一定数量的连锁店统一经销商品（××公司产品），其数量由连锁店大会确定。

第九条 对上述商品，各加盟店不允许进行再批发或转销。

第十条 各加盟店统一经销的商品，必须以指定价格销售。

第十一条 各加盟店必须与地区分会保持密切联系，接受后者的检查与指导。

第十二条 各加盟店对第七、八、九、十条规定如有违反，或对整个连锁店的经营发展造成不良影响时，经总部或地区分部同意，可终止其业务。

总部

第十三条 总部的主要任务是在广泛听取各加盟店意见的基础上，制定本连锁店的发展计划，并会同下属机构组织实施计划。

第十四条 总部应与下属机构及加盟店间保持密切联系，在宏观上加以指导。

第十五条 ××公司负责生产或购入商品，提供给各加盟店。

第十六条　××公司不得将连锁店统一经销的商品提供给非加盟店，但可以向国外出口。

地区分部联合分会

第十七条　七个以上邻近地区的加盟店即可成立地区分部。

第十八条　联合分会由全国大中城市的地区分部构成。

第十九条　地区分部与联合分会接受总部的领导，以推进下属单位的经营发展为己任。

第二十条　地区分部与联合分会可根据情况需要，另行制定其他规章协约。

第二十一条　地区分部和联合分会依照本制度自主经营。

全国联合分会长会议

第二十二条　全国联合分会长会议由各联合分会会长组成。

第二十三条　全国联合分会长会议是总部的非常设咨询机构，其职责是向总部提出建设性意见。

附则

第二十四条　本制度自××年×月×日起施行。

5.7　连锁店组织规章

第一条　目的

为更好地使连锁店组织发挥其应有的作用，特制定本组织制度。

第二条　连锁店组织

1. 本连锁店是属于由加盟店与本公司联合构筑的自由连锁店；
2. 连锁店总部设在本公司内；
3. 本店的宗旨是互利互惠、相互合作、共存共荣，谋求各自事业的发展，共同服务于消费者。

第三条　会费

1. 会费由连锁店总会代为保管，不计利息。
2. 本会日常活动经费由总会负担。
3. 本会解散时，剩余会费按会员累计实交会费的一定比例返还。
4. 每年年终，理事会要向全体会员报告本会财务状况。

第四条 加盟条件

1. 要加入本连锁店，须通过地区分部向总部提出申请，由总部在对申请者经营情况和所在地区市场情况进行分析的基础上做出决定。

2. 各加盟店如违反本公司规定，或对整个连锁店的经营发展造成不良影响，经总部或地区分部同意，可终止其业务。

第五条 加盟店的职责

1. 各加盟店必须在显著位置挂有本连锁店标识。

2. 加盟店在1年中必须经销一定数量的连锁店统一经销商品，其数量由连锁店大会确定。

3. 各加盟店统一经销的商品，必须以指定价格销售，且不得进行再批发或转销其经销的产品。

4. 各加盟店必须与地区分会保持密切联系，接受后者的检查与指导。

第六条 公司的职责

1. 由公司负责生产或购入商品提供给各加盟店；

2. 本公司除向国外出口以外，不得将连锁店统一经销的商品提供给非加盟店。

第七条 总部的职责

1. 总部应在广泛听取各加盟店意见的基础上，制定本连锁店的发展计划，并会同下属机构组织实施计划。

2. 总部应与下属机构及加盟店间保持密切联系，并在宏观上加以指导各加盟店的经营管理。

3. 为各加盟店选择和提供经营商品。

4. 协调各加盟店内其他日常事务。

第八条 联合分会和地区分部的职责

1. 七个以上邻近地区的加盟店即可成立地区分部，全国大中城市的地区分部构成联合分会；

2. 联合分会与地区分部接受总部的领导；

3. 联合分会与地区分部以推进下属单位的经营发展为己任；

4. 联合分会和地区分部依照本制度自主经营，并可根据情况需要，另行制定其他规章协约；

5. 全国联合分会长会议由各联合分会会长组成，是总部的非常设咨询机构，其职责是向总部提出建设性意见。

第九条 实施

本制度自颁布之日起实施,理事会拥有最终解释权。

5.8 连锁店业务规程

连锁店协约

第一条 总则

本连锁店是以××公司为主体,由相关经营机构加盟的自愿连锁店。

第二条 加盟条件

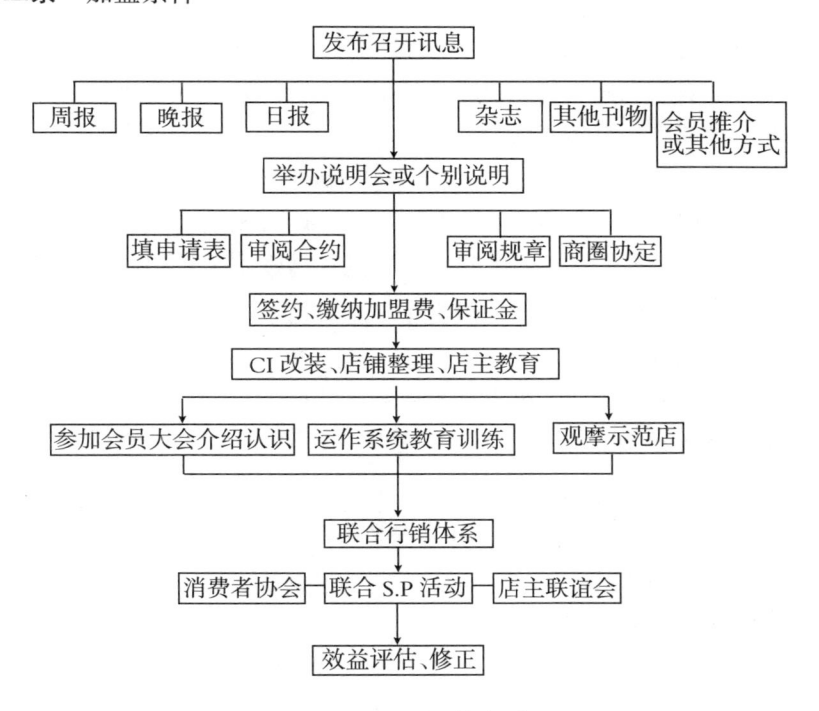

```
                    发布召开讯息
        ┌──────┬──────┬──────┼──────┬──────┬──────┐
       周报    晚报   日报         杂志  其他刊物  会员推介
                                                    或其他方式
                              │
                       举办说明会或个别说明
                              │
              ┌──────┬──────┼──────┬──────┐
           填申请表  审阅合约    审阅规章  商圈协定
                              │
                    签约、缴纳加盟费、保证金
                              │
                  CI改装、店铺整理、店主教育
              ┌───────────────┼───────────────┐
        参加会员大会介绍认识  运作系统教育训练   观摩示范店
                              │
                         联合行销体系
              ┌───────────────┼───────────────┐
          消费者协会      联合S.P活动       店主联谊会
                              │
                         效益评估、修正
```

图 5-1 加盟运作程序图

加入××连锁店,必须履行以下义务:

1. 向本公司交付××元的交易保证金;
2. 与本公司签订维持销售价格合同和销售公约;

3. 同一经营主体在拥有多家店铺的情况下，原则上都应加盟连锁店。

第三条 货款支付及回扣

各加盟店需按要求支付货款，依不同的支付额，本公司予以一定的折扣回报。如不能按期支付货款，则取消回扣。

第四条 供货价格

本公司对各加盟店的供货价格由商品目录列示。

第五条 回扣款的支付

回扣款中1/4纳入交易保证金，其余部分以现金支付。

第六条 交易保证金计息

交易保证金以银行年贷款利率一年两次分段计息，利息以现金形式支付各加盟店。

第七条 加盟店优先原则

本公司对加盟店优先供货，供货价格优惠，交易条件尽量放宽，并向各加盟店提供技术指导和广告宣传资料。

第八条 分会

在一个地区内，如加盟店达到7个以上时，即可成立连锁店分会。分会由会长一人、主管会计一人、干事多人组成。可酌情增设副会长和顾问。

以上人员经选举产生，其任期为1年。

第九条 上报事项

如成立分会，须向会长汇报下列事项：

1. 分会协约；

2. 分会成立时间；

3. 下属加盟店的地址、名称、负责人姓名；

4. 分会领导人名单。

第十条 分会会议

分会每月召开一次会议，主要进行销售、经营管理和相关技术研究。总会有关人员应参加会议。

第十一条 财务及业务报告

分会长每年两次向分会和总会提交年中和年末财务报告和业务报告。

第十二条 批复新加盟店

在分会所属地区有新店申请加盟连锁店，如无下列情况，由分会批准其加盟：

1. 该店企业形象不佳，经营管理不善；

2. 其附近已有相近店铺加盟；

3. 该店加盟会妨碍连锁店经营。

第十三条　分会经费

本公司从加盟店支付货款中扣除×%作为各分会的活动经费，经费每年6月和12月结算支付。如分会不遵守有关规定，则停止拨付经费。

第十四条　分会经费使用

分会经费主要用于第十条所定的分会会议。

第十五条　决策的生效

分会做出的各种决策、协议和条约，只有经总会批复同意方能生效。

第十六条　修订

对本协议产生异议和修订时，应按正常程序，依照多数同意原则方可进行，并须得到总会同意。

连锁店互助会公约

第十七条　目的

本会以加盟于××连锁店的成员间的相互扶助为目的。

第十八条　入会

凡属于××连锁店的加盟店，赞同本会目的并经过一定的入会手续即可入会。

第十九条　经费来源

本会经费来源于会员缴纳的会费。

第二十条　会费

会员会费每年缴纳××元，支付方式是从连锁店总会给各加盟店的回扣中直接划拨。中途加入者需全额支付。

第二十一条　经费使用

会员如遇特殊事件，从会费中拨款予以救助。救助对象主要是火灾和会员及其配偶伤亡。

第二十二条　会费追加

会费收不抵支时，会员需追加会费，追加数额由理事会决定。

第二十三条　会费返还

会员主动退会或因失去加盟店资格退会时，需退还会费××元。

第二十四条　机构

本会设理事长一人、理事多人、监事多人。理事长人选应由连锁店总部负责人兼任，理事和监事由理事长推荐。

第二十五条　分工

理事长全面负责本会工作。理事协助理事长进行工作。监事负责监察本会财务工作。

第二十六条　理事会

理事会由理事长和理事构成。

第二十七条　剩余会费处理

本年度未使用完的经费转入下一年度使用。

第二十八条　财务报告

每年年终，理事会要向全体会员报告本会财务状况。

第二十九条　解散处理

本会解散时，剩余会费按会员累计实交会费的一定比例返还。

第三十条　会费保管

会费由连锁店总会代为保管，不计利息。本会日常活动经费由总会负担。

第三十一条　解释权

对本公约未列事项和有争议事项，解释权归理事会。

5.9　加盟连锁店规章

第一条　目的

为使本加盟店真正实现经营合理化，成为能充分满足消费者需求的商业机构，特制定本规章。

第二条　内容

本规章订立我公司加盟店组织活动，订立加盟店本部的权利义务、加盟店的营运制度、经营管理制度与加盟店的权利义务等。

第三条　组织

1. 本部：

（1）决定本公司商号、商标的使用；

（2）主持制定加盟店维持发展的运营方式、制度等；

（3）管理统辖全体加盟店。

2. 营运委员会：

在本部设置营运委员会，并由本部从加盟者中选择数名担任委员，遵从另行规定的委员会营运规则。

3. 加盟店：

加盟店有平等经营的权利和诚实经营的义务，须在所定的整个经营体制和店铺形态下遵从本规章。

第四条 加盟资格

1. 要具备一定限度的经营规模；

2. 不得与已加盟的会员进行恶性竞争；

3. 加盟后要能够诚实经营；

4. 能接受本部的经营指导及完全援助体制；

5. 能全面参加本部为加盟店举办的各种活动；

6. 能主动、积极为经营合理化努力；

7. 对于本规章要全面赞同；

8. 与本部实质上有竞争关系的其他连锁组织不得加入。

第五条 加盟条件

1. 与本部缔结加盟契约，向本部缴纳加盟金××万元，此项加盟金不予退还；

2. 使用本公司的统一商号、商标，在店面上安装规定的招牌和标志；

3. 接受本部所规定的教育研修。

第六条 加盟店的权利

1. 使用本公司的商号、商标进行经营和广告宣传活动；

2. 使用订货手册接受经选择的统一商品及物品的供给；

3. 接受本部的经营技术指导，并使用本部的指导要领经营；

4. 保守必要的商业情报，参加本部统一举办的宣传广告活动，促进销售及其他共同活动；

5. 参加本部计划的教育训练，接受经营计划的指导；

6. 以内外包装的统一，接受有关连锁店之新设、改装的专门技术指导，并利用共同方式管理。

第七条 加盟店的商品供给方法

1. 商品的供给原则上按照本部所定的定期配送系统配给；

2. 为实现进货集中化，加盟店经销货品中至少应有×%以上货品由本部进货；

3. 由本部供给的商品原则上不予以退货，但如有下列情况可予以退货：

（1）本部拟订销售计划指定商品的配额，在本部所承认的一定期间内不能售出；

（2）本部承认的退货期限内的特定品，但退货所需的运费及其他损失，如本部无过失，其费用由加盟店承担，所需费用每月结算。

第八条 货款的支付

货款截止日为每月的最后一天，每月的货款应于次月5日以前汇送至本部指定的银行，或以即期支票寄至本部。

第九条 为确保加盟店的利益，由本部统一制定以下计划并指导实施：

1. 商品构成和陈列计划；

2. 销售促进和广告宣传计划；

3. 毛利计划；

4. 进货补给计划；

5. 其他相关计划。

第十条 费用的分担

1. 加盟店应缴纳每月××元的会费；

2. 支付每月向本部进货金额的×%的营运费用；

3. 对于共同广告、特卖经费、调查、教育经费、各项活动经费实行实费或分担；

4. 店铺、广告陈列品的设计及物品的费用实行实费；

5. 其他特别指导援助的经费实行实费。

第十一条 机密的保守

加盟店对于本组织的计划、营运、活动等的情况及内容不得泄露给他人，如违反，所发生的损害应由当事人负责赔偿。

第十二条 加盟店不得有下列行为：

1. 加入本组织以外的其他同业连锁店或毁损本组织的名誉；

2. 将从本部进货的商品提供给非加盟店；

3. 无正当理由的情况下，将本部所送的文件、情报提供给他人。

第十三条 纠正劝告

发生以下情况，本部可以书面形式对该加盟店进行纠正劝告：

1. 加盟店不履行本规章规定的义务；

2. 违反所规定的禁止事项。

第十四条 契约解除

如发生以下情况，本部可解除加盟契约：

1. 无正当理由不服从纠正劝告；

2. 经营恶化，连续亏损 6 个月以上，且经"营业委员会"判定无法改善经营状态；

3. 加盟店的经营者使有关的加盟店业绩恶化，造成巨大的债务，使加盟店的经营遭受较大影响；

4. 加盟店或加盟店的经营者受强制执行、执行保全处分或拒绝往来处分；

5. 加盟店或加盟店的经营者申请破产；

6. 对本部的债务履行，虽经劝告，仍不履行；

7. 显著妨碍本组织的信用；

8. 显著妨碍正常的连锁营运；

9. 对本规章有重大违反事项。

第十五条 退会

加盟店随时可退出本连锁组织，但至少应于 30 日前以书面形式通告本部解除加盟契约。

第十六条 合同解除后加盟店的义务：

1. 将店面内外标示的加盟店名称撤除或消除；

2. 将经售商品目录、价格表及其他本部送付的物品、文件送还；

3. 回收本部指定的商标、商品，回收价格应服从本部的审定；

4. 立即偿还对本部或其他加盟店的债务；

5. 赔偿由于契约解除而发生的具体损害；

6. 其他本部规定的义务；

7. 由加盟店承担实施上列各项所需一切费用。

第十七条 关于加盟店的营运，本规章或另行规定的各种规定无明确条款约束时，应由本部决定。

第十八条　实施和修正

本规章自颁布之日起实施，其修正须经出席加盟店 2/3 以上的代表通过方生效。

5.10　直销商营业守则

总则

第一条　目的

为促进直销商之间的和谐，保障直销计划下所有直销商的利益，让所有销售产品的直销商能有均等的参与机会，特制定本营业守则。

第二条　内容

本守则规定了所有独立经营业务的直销商的权利义务及责任，不仅适用于公司与其直销商之间的关系，也适用于各直销商之间的关系。

直销授权

第三条　直销商资格

1. 申请人年龄至少须满 18 岁，且必须填写直销商申请书；
2. 成为本公司的直销商需购买满××元的产品，而且必须维持××件以上的存货；
3. 需由其他直销商提供一套申请人的完整并具时效的经营资料进行推荐方能成为我公司的直销商；
4. 申请从事本工作者，不分性别、种族、政治及宗教信仰，机会均等；
5. 直销商权限可授予个人、公司或合伙关系；
6. 直销商必须满 20 岁或已结婚，方可推荐他人为直销商。

第四条　直销权的限制

1. 一对夫妇只能拥有一个直销权；
2. 申请成为直销商的公司须符合公司的规定；
3. 若为合伙关系，直销权仅能以个别合伙人名义取得；
4. 未成年人不得与其监护人在同一户内拥有两个直销权；
5. 除非未成年人出示已婚证明，否则申请书上需有其监护人署名签章。

第五条 申请核准权

本公司保留直销商资格申请的最终核准权,无论接受还是不接受申请,均需将通知以书面形式寄予申请者及推荐人。

第六条 直销权时限

直销权时限以年为单位或至该年度为止。

第七条 续约

1. 续约直销商须填写续约申请书并缴纳续约申请费;
2. 前直销商亦可重新申请为新直销商。

直系直销授权

第八条 欲成为直系直销商,必须符合以下各项效益标准之一:

1. 个人小组连续3个月达到每月25万积分额;
2. 个人小组连续3个月达到每月10万积分额,且其推荐的直销商中有一个有效益奖金的小组;
3. 连续3个月推荐两个或两个以上达到效益奖金的小组。

第九条 直系直销商须达法定成年年龄。

直销商职责

第十条 直销商每月必须销售70%以上的所购产品,才能接受以当月所购产品计算的效益奖金,否则仅能以其售出并送到的产品数额部分计算其效益奖金。

第十一条 直销商每月必须销售70%以上的所购产品才能有资格成为获奖直销商、推荐人及直系直销商。

第十二条 直销商不得明示或暗示在直销计划中所提及的收益之外,尚有任何其他利益。

第十三条 直销商不得表示其在直销计划下有任何独占销售区域或特许权的情况。

第十四条 直销商不得在任何零售场所销售或展示产品,不得在知情状况下将产品或业务辅助品给予任何人在零售场所转售牟利。

第十五条 直销商不得从事任何政府规定为不法的交易行为,不得参与任何政府禁止的商业团体或活动。

第十六条 直销商不得宣称自己与公司或任何其他公司机构有雇用关系,或为其商业代理人、业务代理商、委托商或经理人。

第十七条　直销商可销售除本公司产品、业务辅助品之外的商品或服务，但不得售予非本人推荐的直销商，也不得要求非本人推荐的直销商销售该类产品或提供服务。

第十八条　对顾客，直销商必须做到：

1. 不得对任何人表示有购货的义务；

2. 不得提供不实的价目、品质、等级、效能及存货情况，以达到出售产品的目的；

3. 示范产品时必须解释产品用法及注意事项；

4. 出售产品时必须交给顾客写明产品名称、数量以及经销商姓名、地址和电话等的送货单；

5. 顾客对所购买的产品品质不满意时，直销商应提供退还货款、调换相同产品、按原购价格折算换取其他产品等选择。

直系直销商职责

第十九条　维持适当存货资料提供给其个人小组直销商，或授权其小组直销商向公司直接订货。

第二十条　维持固定营业时间，以便个人小组中的直销商订购或运送产品。

第二十一条　迅速而正确地将公司所发的效益奖金给予其下手直销商，并确保其推荐网体系的所有下手直销商于当月月底确实领到其应得的效益奖金。

第二十二条　通过各种方式举办定期性的会议以训练、激励其小组直销商。

第二十三条　与该小组直销商经常维持信件往来，通告有关事项。

第二十四条　对小组中直销商举办的促销活动提供建议与协助。

第二十五条　确保其个人小组营业守则的推行，确保所有下手直销商均遵守公司所订的程序、守则以及满意保证。

推荐人职责

第二十六条　直销商有权推荐他人成为直销商，但必须负责训练和鼓励其所推荐的直销商以及储存适当产品或业务辅助品，以便供应其下手直销商的正常需要。

第二十七条　推荐人不能履行其义务时，可委托其直系直销商代理。若未担负责任，则该推荐人资格将终止，其所推荐的直销商将归与其直接的上手直销商。

第二十八条　欲获取销售给下手直销商产品的效益奖金资格，推荐人本身每月必须达到×万的销售额。

直销计划管理

第二十九条 直销商在介绍本公司的直销计划时，不得：

1. 给人以受雇用的印象；
2. 假如被人询问，否认是有关公司直销计划的介绍；
3. 假装为市场调查；
4. 听起来像是社交活动；
5. 当作税务座谈；
6. 为非业务性集会。

第三十条 在介绍直销计划时，直销商可以：

1. 强调直销计划包括销售产品及推荐直销商；
2. 用假设的收入数字举例，但必须说明其收入为假想值；
3. 使用公司出版文书中记载的奖金数额，或使用为直销商确知无误的数字；
4. 举出成功的实例，但直销商必须确知这些成功实例乃由成功的直销事业而产生。

第三十一条 在介绍直销计划时，直销商不得：

1. 宣称直销商仅用少许努力及时间即可成功；
2. 宣称有固定收入和奖金的保证；
3. 宣称税捐利益是成为直销商的主要理由；
4. 以任何形式表示过去、现在或未来直销商都能获得利润。

公司品牌管理

第三十二条 所有公司产品商标及服务标志均经公司注册，未经许可不得窃用。

第三十三条 公司名称的使用权

1. 唯一授权使用公司名称的事物为直销商使用的支票。
2. 直销商不得使用公司名称于任何分类广告、任何传播媒体中。
3. 除经由公司外，直销商不得通过其他途径购进任何印有公司名称、字样、图案的产品。
4. 直销商在未经公司书面同意前，不得在其商业车辆上标示公司名称。
5. 取得公司的同意后，直系直销商可于办公室外标示公司字样，在电话簿中以公司名义列名。

6. 直销商在其业务上要求授权使用公司名称时，须向公司提出书面申请。此项授权期限为 1 年，期满即自动失效。如欲继续使用必须重新申请。

第三十四条 直销商使用正式公司文件只能作为处理有关公司直销业务之用。

第三十五条 直销商可设计并使用他们自己的业务辅助品训练或鼓励其推荐的直销商。

网络体系维护

第三十六条 直销商若欲改换推荐人，应递交本直销商填写的申请书及由整个推荐网体系的直销商（包括直系直销商）签署的同意书各一份，递交公司。若转移的直销商本身亦为推荐人，则其所推荐的直销商将转由原推荐网体系的直接上手直销商推荐。

第三十七条 不允许直销商整组转移。

第三十八条 自愿放弃直销者可以书面通知的形式递交给公司。

第三十九条 直销商不得蓄意合并，如出现未续约终止、放弃、因死亡而无继承人者等非当事人所能控制的情况须取得公司的同意后才能得以合并。

附　　则

第四十条 实施与修改

本守则自颁布之日起实施，其修改需经公司和 2/3 以上的直销商协商而确定。

5.11　直销订货与退货流程规定

订货手续及办法

由于直销公司一般要面临甚多的直销商订货，故订货的手续及办法必须考虑周详和完善。

第一条 直销商编号

每一位直销商均有一个编号，以便互相联络，或存档及订货时使用。

第二条 向推荐人或直系直销商订货

多层式直销产品的分配系统乃是由推荐人、直销商、直系直销商或仓库分发产品。可用下列步骤向您的推荐人或直系直销商取货：填写向推荐人购货订单

（三联式）连同货款交予您的推荐人或直系直销商，然后依照指定的时间、地点去提货。

第三条　向公司及仓库直接订货

直销商填写直接购货订单（三联式），将其与货款一起寄至公司，公司于收到货款后出货。或将直接购货订单填好，带着货款至仓库自行提货。

第四条　电话订货

打电话至公司，将所需要的产品告知公司，然后将货款以电汇方式汇至指定银行，公司即可发货，约2日内直销商就可以收到所订的货。

退货手续及办法

一个正常经营的直销公司，皆以保证满意及可退货为负责任的态度，故将一般的满意保证及处理程序叙述如下：

第五条　顾客退货

1. 顾客可向原售货的直销商退还原物，免费更换全新的同类产品或更换其他等值的产品或原价奉还。

2. 请勿与顾客争论，先把钱退还给顾客，或让他更换产品，并须询问顾客对产品不满意的原因，把不满意的原因记录于送货单上（三联式）。

3. 如果客户要求的是退还款项，直销商必须向顾客取回送货单，送货单须连同退货申请书（三联式）一并退回公司。

第六条　直销商向公司退还次品

1. 有关次品的处理

须将次品及原先购买该次品的发票或送货凭单复印本附上说明书，邮寄或送到公司以办理更换相同产品事项。

2. 有关顾客退货的处理

请将顾客的退货附上购买该货的发票或送货凭单，送货单上须注明顾客不满意的原因，填妥退货申请书以便处理。

5.12　特约店交易合同书

××公司（以下简称甲方）指定××商店（以下简称乙方）为经销本公司产品的特约店。甲乙双方特签订合同。

第一条 交易内容

甲方负责向乙方提供商品，乙方负责在指定区域内销售甲方产品。

第二条 货款支付

乙方向甲方交付货款的时间规定如下：每月20日结算，翌月20日前支付。

货款应由乙方送到甲方营业所。乙方须根据甲方提出的付款通知书以现金形式及时支付。

乙方如对付款通知书有异议，须在接到通知书两周内向甲方提出。

第三条 交货地

商品交货地原则上为甲方生产厂所在地。货物离开甲方生产厂后的一切损毁，由乙方负责。货物运费由乙方负担。

第四条 迟付款赔偿

如乙方不能在指定时间内支付货款，应从支付的最后期限日算起向甲方支付3‰的滞纳金赔偿。

第五条 担保提供

为确保甲方的债权，乙方应根据甲方的要求，向甲方提供可靠的担保人。甲方有要求乙方提供担保金的权利。保证金由甲方托管，并以甲方指定利息为保证金计息。

第六条 合同的解除

甲方在认定有以下情况时，可不通知乙方单方面中止合同：

1. 在没有特殊事由的情况下，乙方的销售额长期不变或呈下降状态；

2. 乙方长期不能按约支付甲方货款，其信用状况趋于恶化；

3. 乙方不履行合同确定的义务，或与甲方采取不合作态度，或者有损害甲方商品信誉的行为；

4. 甲方认为乙方已不符合特约店的必备条件时。

如乙方提出解除合同，必须事先征得甲方同意。

第七条 诉讼地

除法律上的特殊规定外，因本合同发生的法律诉讼，应在甲方所在地的法院提出诉讼。

第八条 合同有效期

本合同有效期为1年，满1年时，甲乙双方经协商，可以依本合同条件续延。

本合同一式两份，签名盖章公证后甲乙双方各存一份。

5.13　代理店合同书

第一条　总则

本合同确定××公司（以下简称甲方）与其代理店××公司（以下简称乙方）之间的商品供销事项。

第二条　销售区域及销售产品

作为甲方的代理机构，乙方的销售区域限制在××地区，销售产品为甲方生产××系列产品及附件。

第三条　指定区域外的销售

乙方如接受上条所定销售区域以外的订货，必须事先与甲方联系，征得甲方同意。如甲方经过调查，确认这项交易不会损害其他代理店的利益，乙方可以接受订货。

第四条　排他性交易

原则上，乙方只能从甲方进货，然后销售给客户，不得经销其他公司的同类产品。

第五条　责任销售额

乙方在指定销售区域内每年须完成××万元的销售额，但不规定具体商品的销售额。

第六条　系列代理

在事先征得甲方同意的前提下，乙方可以设立下属系列代理店。

第七条　货款预估

乙方在接受客户订货时，可委托甲方预估货款，向甲方提交预估请求表。经甲方核定后，送交乙方。

第八条　供货日

甲方须根据乙方订单内容将货物发送到指定场所。如指定送货地点，货物离开甲方仓库时即为供货日。

第九条　直销权

即使本合同生效后，甲方也可以将其产品直销给乙方销售区域内的客户，但甲方必须充分尊重乙方在指定销售区域内的销售权。

第十条　销售价格

甲方对乙方的供货价格和乙方对客户的销售价格，均由另外的销售价格表确定。

第十一条　销售价格维持

甲乙双方都有义务维持上条所确定的销售价格，如大幅度提价或降价，须由双方协商确定。

第十二条　售后服务

商品的售后服务工作由乙方负责，如乙方确有困难，可请求甲方帮助，所需费用由乙方负担。

第十三条　业务代理

甲方在乙方销售区域内的直销业务，如需技术指导和售后服务，可委托乙方代理，其费用由甲方负担。

第十四条　制造费与运费

如无特别限定，产品的生产制造费和运费均由甲方负责。

第十五条　运输事故

在运输中如发生货物破损和货物丢失，均由甲方赔偿。货物到达 7 日内，乙方须提出证明材料和赔偿要求，经甲方确认后，给予货物补偿。

第十六条　退货

乙方向甲方提出的退货要求限于与订单不符货物和破损货物。

第十七条　销售计划

乙方须在每月 20 日前向甲方提交未来 3 个月的销售计划。

第十八条　人员保证

乙方为完成第五条所确定的责任销售额，应具备最低限度的销售人员和技术人员保证。

第十九条　技术培训

乙方应定期对销售人员进行技术培训。届时，乙方可向甲方提出师资方面的要求。

第二十条　培训费用

培训师资的往返交通费由乙方负担，宿费和餐费由甲方负担。

第二十一条　与其他企业的合同

乙方未经甲方同意，不得与其他企业签订经销同类商品的合同。

第二十二条　严守商业机密

甲方和乙方不能向第三者泄露对方的商业机密。甲方不得与本合同第三条所规定销售区域内的第三者签订类似代理店合同，否则即视为违约行为。

第二十三条　货款支付

货款支付结算日为每月20日。乙方应在10日内交付结算日前的所有货款。

第二十四条　广告费

用于商品目录、邮送广告、广告传单等方面的销售费用，由乙方负担一半（但由乙方独立策划的促销活动，其费用全部由乙方负担）。

第二十五条　合同修改

本合同的修改由甲乙双方协商进行。

第二十六条　违约处理

乙方如部分或全部违反本合同条款，甲方可随时解除本合同。

第二十七条　保证金

乙方应根据订货额向甲方交付订货保证金，保证金的管理由甲乙双方商定。

第二十八条　诉讼地

甲乙双方如在合同条款上发生纠纷，由甲方公司所在地的仲裁机构裁决。

第二十九条　合同限期

本合同有效期为自签订之日起1年。如合同期满前2个月，甲乙双方中任一方不提出异议，本合同续延1年。以后可以依次类推。

本合同一式两份，双方签字盖章后生效，甲乙双方各执一份。

5.14　经销商合同范例

甲方：××公司

地址：

联系电话：

乙方：××公司

地址：

联系电话：

经协商一致，双方达成以下条款，以明确双方权利义务，并共同遵守履行。

第一条　保证条款

1. 甲方保证其为依法存在、有权签订本合同的法人组织。

2. 乙方保证其用于××经销商的营业执照在本合同有效期（包括续约有效期）内均有效，真实且内容符合××公司的要求，可以从事××经销商的经营活动。

3. 乙方保证甲方无须为乙方与任何第三人之间存在的任何关系负任何责任。

第二条　期限

本合同有效期限不超过1年。自××年××月××日至××年××月。

第三条　乙方义务

1. 经营甲方提供的商品，为客户提供售前、售后服务。

2. 按客户要求，安排送货到家，方便客户购货。

3. 帮助甲方忠实用户申请成为优惠客户，并定时跟进服务于这些客户。

4. 向甲方反映客户的要求和意见。

5. 帮助甲方进行市场调查、收集有关资料，以便甲方了解市场动态以确定产品市场定位。

6. 配合甲方新产品上市和产品推广计划，安排促销活动。

7. 将经销产品、服务客户等方面的经验，提供给甲方参考使用，以达到同业分享的目的。

8. 协助甲方建立并提高企业信誉。

第四条　商品的价格

1. 除非另有规定，甲方向乙方供货的一般批发价为甲方产品售价的八折（企业资料、产品资料、音像品及宣传品除外）。

2. 乙方必须按甲方规定的售价向客户售卖商品，不得抬价或压价。

第五条　货款的结算

乙方每次向甲方购货，必须即时结清当次货款。

第六条　乙方收益

1. 按甲方规定的售价销售产品，赚取零售利润。

2. 以乙方从甲方购货的营业额为基数，按甲方规定的比率计算销售佣金。

3. 按甲方标准取得各项奖金。

第七条　收益支付

1. 全部收益以当地国币值结算。

2. 每月××日左右，甲方通过银行转账直接将乙方上一月份的收益，拨入乙方指定的银行账户内。

3. 乙方对指定银行账号的行为承担法律责任。

4. 乙方获得年度奖金的，甲方将在甲方财政年度结束后 4 个月内将乙方的年度奖金直接汇入乙方指定的账户。

第八条　税务责任

1. 乙方因从事××经销商活动所产生的税赋及根据本合同取得收益而应缴的税赋，全部由乙方自行承担并办理缴交、完税手续。

2. 乙方在收取甲方支付的收益后，应于下个月××日前向甲方提供正式税务发票。甲方会在发放给乙方的各项佣金、奖金等款项中先行暂扣相关税款，在乙方提供相关税务发票后 30 天内予以发还；乙方未能按时提供上述发票的，甲方会将该笔款项作为乙方应缴税款代为上缴国家税务部门，不再退还给乙方。

第九条　双方义务

甲方义务：

1. 依照本合同规定按时向乙方支付乙方收益。

2. 监督乙方在履行本合同过程中遵纪守法。

乙方义务：

1. 按甲方要求履行本合同规定的义务。

2. 接受甲方监督，服从甲方管理。

3. 乙方必须遵守甲方的专卖原则，不将甲方产品以任何形式与其他产品同时销售。

4. 遵守国家法律、法规（包括消防、治安等），遵守甲方公布的所有关于××经销商的规定，遵守《××营销人员营业守则》《××营销人员十个严禁事项》《××营销事业规章制度》及甲方公布的营运细则，此外，甲方对营业代表的纪律均适用于经销商。

5. 乙方不得从事任何有损××的活动或在按本合同第四条核准场地从事与××无关的活动。

第十条　其他

1. 为了切实保障本合同的顺利履行，乙方签署本合同的代表必须是乙方营业执照所载明的负责人/法定代表人。

2. 为保持甲方对外界的统一企业形象，除获甲方批准认可外，乙方经营场地不得为临街铺面或商场内的店铺或摊位。

3. 乙方并非甲方员工，乙方不得以甲方的员工、受托人或任何身份，代表甲方发表、签署任何声明、文件或承诺承担任何法律责任。

4. 甲方有权根据市场具体情况对企业的营运细则做出适度调整，乙方同意接受并遵守，否则，本合同将自动终止。

第十一条 合同的解除或延续

1. 合同期限届满，双方不再续约的，本合同自然终止。

2. 乙方欲提前终止本合同的，甲方应予允许，但乙方仍应与甲方结清因履行本合同而产生的债权债务。

3. 乙方不能正确履行本合同规定义务的，或者违反《××营销人员营业守则》《××营销人员十个严禁事项》《××营销事业规章制度》或其他适用于乙方的纪律的，甲方有权提前终止本合同，并立即取消乙方的经销商资格。被取消资格的经销商不得再从事任何本合同项下的活动。

4. 乙方切实履行本合同规定，则甲方会在本合同期满前向乙方发出续约邀请。乙方接受邀请的，应按甲方通知办理相关手续。

第十二条 纠纷的解决

因本合同或履行本合同产生的纠纷，双方应友好协商；协商不成，应向甲方所在地人民法院起诉。

第十三条 合同的生效和收执

本合同自签订之日起生效，合同一式两份，甲乙双方各执一份。

甲方：××公司　　　　乙方：××公司
授权代表：　　　　　　签署：
签订日期：　　　　　　签订日期：

5.15 特约店调查表

地区：　　　　　调查人：　　　　　日期：　　年　月　日

店名		变更栏		组织方式	
地址					
法人					

分店或营业所

店名（地区）	店长或营业所主任

创业		开始交易		结算期		资本额	

职员　名　员工　名　计　名

	职位	姓　名	年龄	学　历	与店主的关系	人品、其他特别事项	重要度
办事员、员工							

	行业	比率	年销售额	主要进货处	付款条件	主要客户	回收条件
经营业务							

	订购处	比率	年度订购额	付款条件	付购处	比率	年度订购额	付款条件
商品订购情况								

5.16 渠道代理商申请表

年　月　日

公司名称				通讯地址		
法人代表				注册资金		
联系人				职务		
电话		传真			E-mail	
公司性质	□国企	□外资	□合资	□股份	□私营	□其他
公司规模		人		技术人员		人
业务性质						
主营产品						
取得认证						
主要业务区域				上年度营业额		

申请成为合作伙伴类型	
申请授权区域	
申请代理产品	

销售人员批注：

区域：　　　　姓名：

主管批注：

签字：

5.17 渠道代理商注册登记表

代理商简况		全称（加盖公章）		账号	
		税务登记号		发票地址	
		开户行		邮政编码	
		营业地点		电话	
		法人代表(身份证号,签字)		传真	
	主管人员情况	姓名		流动资金	
		职务			
		电话			
		身份证号码			
		上年度营业额		主营品牌	
		主营产品			
		上级主管单位		地址（电话）	
		技术人员		维修能力	
销售指标					
二级分销商名称					
销售部意见					
公司意见					

5.18 代理店选择调查表

调查人：　　　　　　　　　　　　　　　　　　　　　　　　　　年　月　日

编号	评分	评语					经办动机	
公司概况	公司名称		电话			体制、能力	下期计划	
	地　　址						职工状态	
	业　　种		设立	年　月			工程能力	
	法人代表		生日	年　月			地段条件	店铺印象
	资本额	元	员工人数	合　计	名		经营希望	
				销售员	名			
资产、损益	销售额	元	固定资产	土　地	自、租	评价看法	项　目	比重 评价得分 综合看法
				建筑物	自、租		关　心	
	毛利 元 经费 元			金　额	元		执　著	
	净收益	元		库存额	元		销售力	
销售状况	项　目	外　销		内　销			工程能力	
	销售额	元		元			经营力	
	销售台数	台		台			经营意志	
	商　标						计	
	购买客户					备注：		
	库　存							
	种　别	% %	销售方法	商店销售 % 推　销 %				
	连锁店面	数量 家 地区	需求类别	个人、商店 公司、其他				
	回收方法	现金 %、票据 %、分期付款 %、其他						

注：本表是为公司选择代理店（或特约店）而设计的。

5.19 代理店关闭报告表

代理店	店名		代理人	
	地址			
	开始交易 年 月 日		关闭 年 月 日	

关闭理由：

收回特品	1. 契约书		份	7.	
	2. 印章		个	8.	
	3. 招牌		块	9.	
	4. 销售账簿		本	10.	
	5. 收据凭证		张	11.	
	6.			12.	

处理栏	接收人	营业处理	总务处理

5.20 分销商店铺调查表

1. 情报总括

情报种类	内　　容
畅销商品	
销售现场情报	
消费者情报	
其　　他	

2. 畅销商品情报

商　　品	
价　　格	
库　　存	
特　　征	
每日动向	

3. 销售现场情报

销售现场状况	
陈　　设	
管理状况	
竞争商品	
销售人员状况	

4. 消费者情报

购买情报	
特价状况	
宣传方式	
广告效果	
其　　他	

5. 情报分析

问题点：

提案：

5.21　经销店促销活动计划表

经销店名：_____　　　　　　　　　　　申请日期：　　年　月　日
　　　　　　　　　　　　　　　　　　　　　　编　　号：

期间：	年 月 日 至 　　年 月 日	地点：
促销活动类别	□1. 地区性产品展销活动 □2. 编制顾客名簿 □3. 对顾客作技术服务 □4. 信函攻势 □5. 广告刊登	□6. 感谢顾客的赠品活动 □7. 音乐欣赏、音响试听会 □8. 影艺欣赏、顾客联谊活动 □9. 郊游、旅游、露营、游园会等户外活动
促销活动概要		要求支援事项

	名称	单位	数量	单价	总额	初核补助金额	实际发生费用	实际补助金额
预计费用								

5.22　客户业务联系记录表

客户名称：　　　　　　业务经理：　　　　　　区域经理：

日期	联系人	联系形式	反映问题	处理结果	记录人	备注

5.23 客户交易记录表

年　度	订购日期	出货日期	批　号	产品名称	数　量	金　额	备　注

5.24 客户销售统计表

年度　　　　　　　　　　　　　　　　　　　　　　　　　　页次

产品	地址	客户数	销售额	%	平均每家年销售额	前三名客户名称及销售额					
						名称	金额	名称	金额	名称	金额

5.25　客户销售分析表

区域	店铺名称	经营性质	销售产品数量								
			(商品1)	(商品2)	(商品3)	(商品4)	(商品5)	(商品6)	(商品7)	(商品8)	(商品9)

第 6 章

客户货款管理必备制度与表格

6.1 货款回收管理办法

货款的进款管理

第一条 制作"客户进款预定及实施管理表"

1. 经营管理部制作两张"客户进款预定及实施管理表",一张交给销售人员,另一张由经营管理部负责保管。

2. 目前的进款管理并不废止,只需将客户的销售额及进款的具体化情况记录下来即可。

第二条 依据进款的日期,制作"收款预定表"

进款的日期共有5日、10日、15日、20日、25日五天,依据这些日期分别制作两张"客户收款预定表",一张交给销售部,一张由经营管理部负责管理。

第三条 特定人员的特别回收

经营管理部对于付款情况恶劣的客户,可指派特定人员进行货款的催讨。

第四条 设置销售部门

货款收款人员应另行成立单独的办公室。

货款支付方式决定

第五条 制作付款约定书

针对付款方式与客户进行商讨,签订付款约定书后,一张交给客户,一张由公司自行保管。

第六条 付款方法的内容明细

1. 客户的付款方法通常采用下列方式进行:

(1)存入银行。

(2)开立指名支票。

(3)户头转账汇款。

(4)现金支付。

(5)期票。

(6)汇票付款。

2. 对于上述各项付款方式,应去争取其中的(1)、(2)、(3)及(6)项,第(4)、(5)两项则应尽量避免。另外,第(6)项应由销售部负责处理,适用对象以地处偏远的客户为主。

第七条 增加存款银行的数目

为方便客户将货款存入银行，公司应设法增加存款银行的数目。

第八条 对客户的往来银行进行调查

如客户采用货款存入银行的付款方式，应先调查该客户所往来的交易银行。

现金进款的处理

第九条 现金回收缴纳

收款人员在收款日，将所收得的现金（支票或汇票）交给主管或总务科长。

第十条 收款活动时间

收款活动原则上应尽可能于下午 6 点之前完成。

第十一条 收款人员回公司后，先将所收得的现金、支票和汇票与原有的计算资料做一一对照，结算完后放入信封内并将封口封好，最后在信封上注明金额后交给会计值班人员。

第十二条 收银袋的验收

1. 存放有现金、支票及汇票的收银袋应于隔天早晨由主管点验，办理进款的处理。

2. 如账面注明的金额与实际金额有差异，应仔细查明原因真相。

3. 如责任为收款者本人，则本人当负责赔偿，其他情况则应作为公司的杂项损失处理。

第十三条 零钱的处理

凡客户以支票方式付款，一律不得有零头出现。但货款未满百元者例外。

防范收款事故的处理措施

第十四条 对客户进行教育指导

应正确指导客户有关付款方面的正确处理方式。

第十五条 使用正规的收讫印

销售人员如不使用正规的收讫印，当有意外事故发生时，公司一概不负责，一切责任由本人自行承担。

第十六条 寄送"收款谢函"

从客户处收到货款时，应附送收款谢函给对方。

1. 如进账的货款超过一定的额度，应以邮寄方式送上谢函给对方。

2. 未达一定额度者可视情形寄送谢函。

6.2　货款回收处理办法

1. 处理方式

在回收货款时，如果客户要求暂付部分款项，我们要设法以不伤害对方感情的前提下，说服对方尽量付款。

2. 应对用语范例

（1）一般场合

对于客户，在收账时应尽量避免以下的表现方式："我们公司的会计部等我们收款已等得不耐烦了，尤其是你们公司以往付款一向无误，所以会计科早已把这部分收入计算进去了"。首先，应先确立计划，平常就要勤于拜访对方，为收款工作做准备。另外，尚须与主管仔细商量，考虑利用信函等方法来督促对方，必要时才加强语气表现。

如客户地处较远的区域，每有货车送货至附近时，就应前往拜访。其他也可利用电话、信函等来加强联络。

（2）目前付款情况良好的店

如对方要求暂付部分货款时，销售人员可以如此应对："因为以往我总是如期收齐全部货款，以为本月份也绝对可以百分之百收齐全额，我恐怕要头痛了。无论如何请看我的面子想想办法。老实说，我今天的命运都操纵在您的手中了，请务必想办法帮忙。"等等，设法让对方多付一些货款。

（3）付款情况总是不佳的商店

当我们向对方表示："实在很抱歉，这个月份的货款我们完全没收到，今天希望您能一次缴清。您一再地拖延部分余款，会计部一再地催我们，实在是很困扰。所以，无论如何请看在我的面子上，结清余款"之后，对方仍然无法缴付全额时，我们必须再强调："什么时候我会再来，届时请务必拜托"或"送货时我们会附上发票过来，到时麻烦您了"等等。

（4）都市以外区域的情况

①"上个月收款时因只收到部分货款，回到公司后，会计部责怪这种做法将使作业混乱。我们对会计部保证这个月一定设法收齐全额，所以，今天无论如何请看在我的面子上，多多帮忙、合作。"等等，诚心恳求对方。

②"我们这次应该收您××货款，这已列入我们的账款，但因为你们也有你

们的计划，所以取其折中，今天希望你们至少能付××元。"

③"非常感谢你们这次的付款。不过，老实说，我们已特别在单价方面打了折扣给你了，所以，能否请您再多付一些？当然你们也有你们的不方便，但因为本公司每月都有制定收款计划，根据此计划来制定对外付款等等计划，如果计划施行不了，不但会计部会非常困扰，我们也会受到责备。而且对于未付余额较多的客户，我们还须把他们的名字提报上去，对于我们来说，这实在不是我们愿意做的事。很抱歉，讲了这么多，总之希望本月能多收部分货款，无论如何希望您合作，配合我们××元的收款计划。"

④"谢谢您的这部分付款。本月的清款原为××元，现在还有余款××元，实在很抱歉，能否请您再多付××元，因为本公司财会部对外采购原料都是用现金，因此收款的预定对我们非常重要。在此是否能提一不礼貌的要求，可否把您部分的客户收款拨给本公司代行，请您务必协助。"

（5）客户没有如期付全款时，如何催账

"这几个月以来我们都只收到部分货款，无法结清全账，不知阁下是否对我有任何不满之处？如有不满敬请不吝指教，我将尽速改正。"

①对方表示没有不满之处时。

"还是送货时，司机有什么不周到之处，或是您来电时，我们有疏忽、怠慢之处？"

②对方仍表示无上列情况时。

"还是您对我们的质量或价格感到不满？"

③对方答案仍然是没有时。

接着就请教对方感到满意的原因。

"就您所知道的，我们的商品不像其他建材店一样标上单价，而且我们是以现金交易，所以都由你们自行结算。如果你们不能如期付款，不但会计部会抱怨，主管也会怪我们做事不力。不但如此，主管每月要我们提出未缴齐全款的客户名单，每1000家当中约有20家左右会被提报上去。这时如果光是我们受到责备倒也没关系，目前客户需要量大，产品供不应求，遇到配货忙时，这些提报上去的客户恐怕会被挪到最后处理，这样我们对客户就说不过去了，凭我一个人的努力也难把货品尽快送达客户。我明白你们也有不方便的地方，不过还是请您配合付款。另外，如果您有什么特别情况，也请不必客气告知我们，我会设法将情况报告给公司上级。无论如何，请多见谅，谢谢。"

（6）客户抱怨"其他的店并没有涨价"时的应变回答

"这次的涨价是因为工资、运费、材料费都提高了的关系。这种涨价是全国性的，有的厂商或批发商也许会因为其他因素，延一两天才采取行动，但涨价是势在必行的。诚如您所知道的，最近最令人头痛的问题是，人力招募十分困难，这是一个很现实的问题。而要克服这些问题就只有靠提高商品价格这个对策了，对经营者而言这是一个攸关存活的问题，所以在价格方面都审慎地做过检查才决定的。而我刚才也说过的，在日期上虽有两三天的差距，但涨价是绝对的趋势，请您务必谅解。"

（7）客户虽知涨价为行业界的一致行动，但仍有不满时

①"关于涨价问题，在今年年初，其他厂商及批发商曾强烈提出反映，希望执行，一度经本公司控制下来，不过基于工资与运费的双双上涨，逼得实在不得不上涨，关于这一点，请您多体谅。"

②"如您所说不错，确实在本地区有数家同业者尚未采取行动，不过只有我们是完全依照工会的规定在行动的，业界其他的企业看到我们的行动后，相信不久也会随后跟着采取涨价行动的。"

③"事实上这次的涨价是迫于工资的上涨和为确保从业人员的劳务费而采取的行动，这是全国性的趋势，绝不是我们一家公司自行决定就贸然实施的，关于这一点盼您多谅解。其他可能还有几家店还没有跟着行动，不过，相信近日之内，他们一定会采取行动的。"

④"就像您说的没错，有的厂商还没有涨价行动，不过这只是迟早的问题，像××公司最近就准备行动。因为不管怎么说各厂商的库存都不多，再加上人事费等等各项经费均有上涨，但事实上他们的业绩有的并不好，也很想涨价，只是还在观望别人的动作罢了。总之，他们都在一旁静观我们公司的动作而已，这点请您务必理解我们的立场。但若从另一方面来看，等有降价的时候，同样的，我们的脚步也是会比其他厂商快的。"

⑤"其他公司我想大概都还在观望别人的动作吧！如果我们公司没有率先行动，恐怕其他的××店也不敢安心贸然行动。总而言之，工资等不断提高已影响到批发商，涨价实在是趋势所向，您不必这么在意。"

⑥"这次的涨价，实际是因为劳务费的提高所致，各厂商目前的人事费都大幅提高，而本公司目前仓库的存货已有限，生产又赶不上需求，正处于困境之中。所以，其他公司最迟在近日内必有涨价动作，这点请您体谅并多合作。"

⑦ "现在只要是商品，几乎每样都要涨价，实在是很令人头痛。这次连××产品也不得不面临涨价。一方面是由于石油上涨，一方面人事费也上涨，所以这次的涨价趋势可以说是全国性的，请您多体谅。"

⑧ "您说别的厂商尚未涨价，似乎只有我们公司在涨价。其实，我们只是尽可能提早将消息较早通知，但实施的时间是和别家公司同步的，关于这一点请您放心，同时请务必配合。"

6.3　客户呆账催讨办法

催讨管理要求

第一条　催款管理

呆账的催讨工作一定要由专责人员随同原负责该款项目的销售人员前往催讨。

第二条　利用信函要求付款

在前项所提派遣专员前往催款外，尚须同时发出督促信函，恳请对方尽速支付货款。

第三条　呆账催讨管理表的制作与利用

在催讨呆账时，一定要制作催讨管理表，利用此表来追踪把握销售人员的催款进行状况，必要时予以援助。

第四条　防患收款时不正当行为

部分销售员在收得货款之后会不交回给经营管理部门，对于这种行为须加强实施"收款处理手续"管理，以防患于未然。

第五条　对销售人员施以指导教育

负责人须彻底掌握和了解销售人员的个性，不断对其实施有关货款回收的指导教育。

销售时的收款处理

第六条　销售指导

由于销售时没有周密考虑，往往造成货款难以回收。关于这一点，应该更加加强明确的销售指导，尤其销售方法本身一定要兼顾到货款回收问题。

第七条　销售对象的范围

销售人员必须在指定公司和规章制度许可范围内，进行其销售活动。

第八条 限制、禁止指定公司以外的销售

凡非公司的正式员工，即使具有诚意，不得以公司的名义销售给对方。

第九条 禁止指定公司的个人性销售

未经过公司的个人现金买卖及个人分期付款式的买卖，公司不予认可。

第十条 例外情况下的预付款及制裁

1. 在不得已情况下进行个人性的买卖时，该销售人员须预付一半的货款以作订金。如销售人员无法做到，则从其薪资当中扣掉相应的金额。

2. 对违反者处以罚款。如销售人员违反处理规定，公司将每次处以相应的罚款。

收款督促的处理

第十一条 寄发催款的信函

对于个人性的客户，如经催款仍不见回应时，负责人应发函给该人的公司或老板，表示"这种状况的持续将对贵公司不利"的意向，设法说服使其付款。

第十二条 对行踪不明的客户进行调查

对于因公司住址变更、住家搬移、换工作而行踪不明的客户，应设法了解其去向。因此，对销售人员必须进行培训，提醒销售人员本人于事情发生前应设法防患于未然。

第十三条 督促远地的客户付款

如对方的搬迁处很偏远，不易收款，应委托当地的行政司法部门协助调查。

6.4 债权管理制度

总则

第一条 为了规范行销债权管理，加强规范行销各工作环节及债权的管理程序，确保销售工作物流与资金流清晰可靠与公司资产安全，特制定本制度。

第二条 各销售部须确保客户代表及经销商基本资料的准确，财务须确保订货、出货及账务的准确，法律顾问负责处理法律诉讼事项。

资料立档

第三条 客户基本资料的建立

1. 客户代表须在客户基本资料调查表注明客户的各种基本资料。

2. 财务应留存客户资料的影印本：营业执照、税务登记证明、银行开户证明。

3. 资料提供及建档分别由销售部及财务负责。

4. 对直销客户或有欠账的客户，应留存经营者个人身份证影印件。

5. 财务如发现资料不全应及时补全。

第四条 客户代表通信资料的建立

1. 新客户代表报到时，人事部门应对其填写的地址资料确实复核。

2. 客户代表通信地址应包括目前居住地址、父母亲、配偶或其他亲友的地址，以便当销售代表离职后，仍然可直接或间接与他联络。

3. 资料建立及复核分别由销售部及人事部负责。

4. 人事部门如发现资料不全应及时追补。

第五条 直销客户信用额度及账龄的合理制定

1. 客户账龄依公司一般规定制定，如有个案拟延长或缩短，应报销售部门与财务共同核准后实施。

2. 客户代表应依客户营业状况，呈报客户信用额度建议，经各级主管核准后，确定该客户的信用额度。

3. 财务根据客户实际销售及回款情况，定期与销售部门重新讨论信用额度及账龄的设定。

4. 财务如发现出货超出额度或收款超过账龄而未经主管核准时，应及时与销售部门沟通并上报上级主管。

账款回收

第六条 收款事项

1. 客户代表负责收款，财务负责复核。

2. 客户代表收款以收取支票等票据为原则，尽量不要直接收现金。

3. 客户若用支票交款，支票须填有公司抬头。

4. 客户代表如延迟收款，财务应及时反馈至客户部经理。

第七条 退票处理及汇票审核

1. 若货已发出，而发生退票，财务应将其作为等额负值收款，并将票据退还客户代表，并催客户代表要求客户将新票寄回公司，待收到新票后再重新作为收款。

2. 客户代表或财务在收到汇票后，要对票面进行核查，避免因一些书面错误而导致退票的发生。

第八条 直销出货

1. 直销出货须严格按照信用额度及账龄审款办理。

2. 当客户发生逾期账款后，应先追款，暂缓发货。期间若有陈列展示效果的客户，如拟继续出货，应先呈主管核准并确保将其逾期账款控制在一定的时间内收回（签订保证合同），方可出货。

3. 对一些特殊客户或一次交易的客户，应坚持款到发货的基本原则，如有特殊情况须先呈客户经理核准。

第九条 直销结款

1. 客户代表结款时，须向财务领取发票及客户回执联，并进行登记。若款未结回，此两项单据须于当日或次日及时交回财务，结款时再领取，以免丢失。

2. 暂未结款的发票及回执联，财务要建档保存。

第十条 经销商出货

1. 财务须严格按照经销合同规定的货款收到后发货。

2. 调整权限或保证金要按照公司信用政策的相关规定严格执行，并在上笔传真汇票未入账之前，暂缓下次发货。

3. 客户代表应主动协调客户订货数量，使之配合送货车装载量。如为配合车辆装载而有超送情况时，客户代表应事先通知客户并确认货款补交事宜，以避免欠款发货或超送拒收等情况的发生。

第十一条 收款确认及客户付款流程

1. 对第一次交易的新客户，客户代表应落实下列事项：

（1）必须与客户确认出货单的签收方式（专人签字或加盖公章），以避免因客户不承认而引起纠纷或客户不承认已收货；

（2）与客户共同确认收款时的必要凭证；

（3）准确告知客户本公司的收款时间及收款要求等事项。

2. 对于公司的老客户，应补充或重新确认以上事项。

第十二条 客户账款余额管理

1. 财务要确保应收账款的准确性。

2. 每月初应将客户上一个月的对账单及时寄出，客户代表应要求客户当月签回，签回的对账单由财务存档。

3. 当出现客户分户或合并等情况时，其分户或合并后的起始应收账款应与客户共同签认。

第十三条 客户相关人员变动情况的财务处理

1. 客户代表要在拜访时及时了解客户相关人员变动信息。

2. 客户经营人员变动时，应注意相关客户基本资料是否须重新取得。

3. 客户经营人员或收货人员变动时，出货单的签收方式（签字或加盖公章）须由客户以书面形式向财务确认。

第十四条 相关单据的存档保管

1. 经销商出货单回执联，由车队或送货人交回财务，作为运费结算凭证，并由财务存档。

2. 送货单位应于当日或次日早晨将直销客户出货单回执联交回财务保存，以免遗失。直销出货单回执联及发票在结款前由财务存档保存。

第十五条 逾期账款处理

1. 财务每月定期提供账龄分析表给销售部，以便客户代表及时追收。

2. 客户代表应与客户签订付款协议，确认债权。

3. 出现逾期账款后，财务应及时核查出货单、发票、对账单等债权凭证，如有欠缺时，应先行呈报客户经理，并协商补全办法。

4. 对一些商场"扣点"等凭证要及时取得，及时冲账。

第十六条 客户发生倒闭等情况的业务处理

1. 客户破产倒闭后，客户代表应及时了解客户是否到工商局登记，是否登报公告，是否有上下级公司可供追查等情况，以便为追查或诉讼做准备。

2. 客户破产倒闭后，如客户代表拉回客户货品冲抵货款，在拉回货品后，应设立专案及时处理，所得款项及时冲销该笔账款，差额部分再另行提报。

第十七条 呆账的确认

1. 销售部门认为确实无法收回的款项案件，应先提报，最终由公司总经理核准。

2. 呆账经核准后，另依相关规定处理。

第十八条 对可能发生呆账的案件，销售部门应确实掌握相关法规的诉讼时效；发生欠款后，以最后一次向客户催款的次日起两年内提出诉讼。

第十九条 客户代表离职交接管理

1. 客户代表离职时，对未收款的案件作为个案以书面形式移交，移交内容包括：客户名称、出货明细、出货单、发票、未结款金额等项目及相关债权凭证，并由财务确认。

2. 若客户代表离职时，尚有未收款案件待处理，除移交未收款资料外，人事部门应再行查核客户代表可联络的通信地址。

第二十条 运用法律途径解决销售纠纷

1. 由外聘律师或公司法律顾问人员向客户发出律师函。

2. 若律师函发出一定时间后，客户无反应，则应备齐资料向法院提出起诉。财务准备各种资料，具体包括出货单回执联（有客户签收）、原始发票、经销协议书、对账单（必须有客户签字）、客户基本资料（法人代表、电话、地址、开户行、账号、营业执照影印本）、客户欠款金额说明等，然后由法律顾问提出诉讼。

3. 在立案审理期间，如果客户有意解决，则公司可在收到客户的全部欠款后，向法院提交撤诉申请书，申请撤诉。

4. 审理后，法院将下达裁定书（已协商解决），或判决书（未协商解决）。

5. 裁决书（或判决书）下达后，若客户未在规定期限内上诉，也未在判决书规定期限内还款，则公司可向法院执行庭提交执行申请书，申请强制执行。

6.5 客户应收票据管理制度

第一条 为确保公司权益，减少坏账损失，特制定本制度。

第二条 各营业部门应翔实办妥客户资信调查，并随时查明客户信用的变化（可利用机会通过 A 客户调查 B 客户的信用情况），签注于资信调查表相关栏内。

第三条 销售部门最迟应于出货日起 60 天内收款。如超过上列期限者，财务部就其未收款项详细列表，通知各销售主管，转为呆账，并自奖金中扣除；等收回票据时，再行冲账。

第四条 销售部门所收票据，自销售日起，至票据兑现日止，以 120 天为限。如超过上列期限者，财务部即依所查得的资料，就其超限部分的票据编列明细表，通知销售部门加收利息费用，利息一律以"月息×分"计算。

第五条 赊售货品收受支票时，应注意下列事项：

1. 注意发票人有无权限签发支票。

2. 非该公司或本人签发的支票，应要求交付支票人背书。

3. 注意查明支票有效的绝对必要记载事项，如文字、金额、到期日、发票人盖章等是否齐全。

4. 注意所收支票账号，号码越少表示与该银行往来期越长，信用较为可靠（可直接向银行查明或请财务部协办）。

5. 注意所收支票账户与银行往来期间、金额、退票记录情况（可直接向付款银行查明或请财务部协办）。

6. 支票上文字有无涂改、涂销或更改。

7. 注意支票记载何处不能修改（如大写金额），可更改者是否于更改处加盖原印鉴。

8. 注意支票上的文字记载（如禁止背书转让字样）。

9. 注意支票是否已逾到期日1年（逾期1年失效）；如有背书人，应注意支票提示日期，是否超过第六条的规定。

10. 尽量利用机会通过A客户注意B客户支票（或客票）信用。

第六条 公司收受的支票提示付款期限，最迟应于到期日后6日内予以处理。

第七条 所收支票已缴交者，如退票或因客户存款不足，或其他因素，要求退回兑现或换票时，销售部门应填具票据撤回申请书，经部门主管签准后，送财务部办理，销售部门取回原支票后，必须先向客户取得相当于原支票金额的现金或担保品，或新开支票，才将原支票交付，但仍须依以上制度办理。

6.6 公司应收款项管理制度

总则

第一条 为促进企业资金进入良性循环，加速资金周转，提高资金利用率，防止坏账的发生，减少收账费用和损失，按国家财经法规规定，并结合公司具体情况制定本制度。

第二条 本制度所称应收款项包括应收账款、应收票据、其他应收款和预付账款。

第三条 应收款项归口管理部门为财务部，财务部门办理有关应收款项事宜时，应遵循本制度的规定。

应收款项管理

第四条 赊销商品前，应收账款管理人员和销售人员应尽可能对客户作信用调查，并报告销售主管，赊销金额×万元以上者报总经理决定是否予以赊销。为了防止坏账损失，赊销产品时应办妥下列事项：

1. 签订购销合同。
2. 确立结算方式及付款期限，或获取付款保证书。
3. 延期付款的违约责任。
4. 是否具有保证人。
5. 是否具有法律公证。

第五条 应收账款、预付账款明细账必须根据经核对的购销合同（附出库单）及汇款（付款凭证）为依据予以记账，应按照不同的应收款项或供应单位名称设置明细账。

第六条 应收款明细账调整必须要有分管领导书面批准。

第七条 建立应收款内部管理报告制度

1. 分管应收款项的财务人员在每月 20 日前对上月账中的应收款项进行清理，并根据工程（购销）合同及企业应收货款规定进行应收账款账龄分析，对拖欠货款（工程合同超过 2 个月，购销合同超过 1 个月）理出清单，并理出潜在核销账款交主管领导，由合同签订单位提出解决办法，经主管领导批准后执行。

2. 分管其他应收款的财务人员在每月 10 日前对上月未按公司规定归还借款的部门和个人账中的应收款项进行清理，对不按规定及时还款的个人扣发当月工资，并通知有关部门领导及时催收；对超期 1 个月还未归还借款的部门，通知保卫部门配合催收。

3. 负责收款的部门在接到超期应收款通知单后，应在 24 小时内上报收款时限及措施，对所有超期应收款，限期开展收款工作。有关工作内容填入催收单，形成文件记录，妥善地存入客户资信档案。

4. 申请付款的部门及经办人是清理追收应收款项的第一责任人。企业发生因清理追收不力而造成坏账甚至造成损失的，应依情节轻重和损失大小对有关责任人予以经济和行政处罚，情节严重者追究法律责任。

第八条 预付账款管理

1. 预付货款应按照规定程序和权限办理。

2. 预付货款的对象是实施信用分级管理单位。

3. 预付货款必须依合同付款,并在合同约定的时间清算完毕。

第九条 应收账款和其他应收款因发生问题未能收回时,由经办业务人员提出书面说明,财款应单独设立明细科目予以列示。

第十条 收缴应收账款如有问题,应依具体情况进行处理

1. 提请经济法庭调处。

2. 依法起诉,予以法律裁决。

3. 经理会议研究处理方法。

第十一条 本公司按期对应收账款和其他应收款提取坏账准备,当应收款项被确认为坏账时,应根据其金额做好提取坏账准备,同时转销相应的应收款项金额。具体提取比例如下表。

表 6-1　　　　　　　　　公司账款具体提取比例

账　龄	坏账提取比例
6个月~1年	5%~10%
1~2年	10%~30%
2~3年	30%~50%
3~5年	50%~100%
5年以上	100%

附则

第十二条 本制度由财务部制定,解释权、修改权归财务部。

第十三条 本制度自××××年×月×日起实施。

6.7　出货管理制度

1. 仓管单位应在下列六种情况下出货:

(1) 交货;

(2) 交客户试用;

(3) 示范表演;

(4) 本公司同仁的职前或在职训练使用;

(5) 展示中心陈列;

（6）本公司各单位因业务需要而借用。

2. 除上述各项出货外，总公司仓库部可随时视实际情形的需要对分公司出货。

3. 各项出货除仓库部对分公司的出货应凭分公司填具的"商品（供应品）订货单"出货外，其余各项出货应由出货人出示已经其单位主管亲笔签准的"商品（供应品）领货单"及"商品（附件）领货记录卡"，仓管人员出货。

4. 仓库部于接到分公司的订货单时，应即于当日发货，如缺货而须调拨供应时，亦应于当日回复预定供货的日期。

5. 仓库部库存充足时，应依据过去的销售资料统计及各分公司市场需要的预测，随时注意分公司库存情形，将库存商品依比例分配给各分公司。

6. 任何出货，仓管人员均应于出货当日将有关资料入账，以利存货的控制。

7. 各单位人员向仓管单位领货时，应在仓库的柜台办理，不得随意自行进入仓库内部，各仓管人员必须拒绝任何人擅自入内。

8. 出货人于商品领出时，应同时要求仓管人员详细检查商品的性能、品质及附件是否优良或齐全，否则概以完整论。

9. 商品领出后，严禁出货人擅自将所领出的商品移转给其他同仁或其他单位或任意更换商品给客户。

10. 库存商品经出货后（除陈列展示外）一律限于当天还仓或开立发票交货，如当天未能交货而必须交给客户试用者，则应按规定办理。

6.8　商品交运单的流程控制

商品交运单的流程控制方式，牵涉到公司部门组织的编组与工作的分担，可区分为四联式管理和六联式管理，介绍如下：

1. 四联式商品交运单

（1）第一、第二、第三联

①填妥后将第一联先送承运商调派车辆，并作入厂凭证。

②承运车辆入厂后，由发货人员引导装货，经装妥并由承运人员于第一、第二、第三联签字后由承运人员持凭以出厂。

③经厂门守卫过磅签章放行后，第一联由守卫送资料处理中心打卡，再送回

成品部门。
- 作为承运商签收之依据。
- 凭以核对"成品明细账",以确保电脑财务正确性。

④第二、第三联连同成品由承运人员送至客户指定地点,经客户签收后:
- 第二联由客户收执。
- 第三联由承运人员带回于每旬第七天前,将客户签收联连同"运费明细表"并集送成品部门,成品部门应即核对及跟催客户签收联之回收,经核符合后送会计整理付运费,客户签收回联留存会计。

(2) 第四联

开单后即转回业务部门,用以:
①核对成品交运单与订制(货)通知单内容。
②由财务人员核对"销售日报表",以确保客户应收账款正确性。
③依实际交运数量,凭以办理销货折让。

2. 六联式商品交运单

六联式的管理,首先由成品科经办人一次套写成品交运单,一式六联与统一发票,连同受订通知单呈送部门主管复核,然后经办人存查交运单第一联,将第二联交承运车行,凭此入厂提货,将第三、第四、第五、第六联连同统一发票收执联,送给仓库管理人员,凭以发货。

承运车行凭成品交运单第二联,得到厂门守卫的允许,开车入厂。到达成品仓库时,出示成品交运单第二联,仓库管理人员核对无误后开始发货。发货完毕,仓库管理人员自存成品交运单第六联,凭以登账;将第五联转送成品库交运经办人员,交运经办人员将实际重量(若有必要时)补记在第一联后,即将第五联送交业务员,通知他此笔订单已经发货。其余第二、第三、第四联与统一发票收执联交给承运车辆司机,凭此出厂。厂门守卫则收回第四联,定时汇送电子资料处理中心打卡,然后转送会计登账并存查。司机则将第二、第三联连同统一发票收执联在送达成品时交给客户,第二联连同统一发票收执联由客户查存;第三联由客户签收并盖章后交司机带回给成品库的交运经办人,一则凭此向会计请领运费,一则核对客户签收情形。详见表6-2。

表 6-2　　　　　　　　　　六联式商品交运单各联的流程

联　序	流　程
第一联	成品部门
第二联	成品部门→车辆→守卫→仓库→车辆→守卫→客户
第三联	成品部门→仓库→车辆→守卫→客户签收→成品部门→会计
第四联	成品部门→仓库→车辆→守卫→电子资料控制中心→会计
第五联	成品部门→仓库→成品部门
第六联	成品部门→仓库

3. 商品交运的管理

商品交运的管理，要确认准时交货，并核对交货种类、数量与订货单、发票内容一致；在商品的实体配销上，要分析交运过程，设定管理办法。

在企业的管理经验里，想要提高成品交运的效率，必须注意几个重点：

（1）设定有效的商品交运经办部门，例如将商品出货、交运等工作，交由业务部门、总务部门或仓储部门。

（2）规定商品出入的管制办法。

（3）注意商品交运过程中的流程管理。

（4）运用内部稽核管理制度。

6.9　公司逾期账款管理制度

第一条　目的

为了规范逾期账款安全，确保公司逾期账款的追踪管理，实现销售回款，特制定本制度。公司的逾期账款由销售代表负责预期追踪与回收。

第二条　逾期账款管理流程

本制度规定公司的逾期账款管理流程如下图所示：

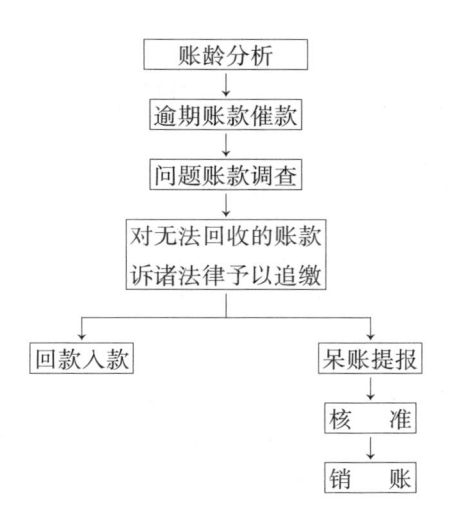

```
      ┌──────────┐
      │ 账龄分析 │
      └────┬─────┘
           ↓
     ┌──────────────┐
     │ 逾期账款催款 │
     └──────┬───────┘
            ↓
     ┌──────────────┐
     │ 问题账款调查 │
     └──────┬───────┘
            ↓
   ┌──────────────────┐
   │ 对无法回收的账款 │
   │ 诉诸法律予以追缴 │
   └────┬────────┬────┘
        ↓        ↓
   ┌────────┐ ┌────────┐
   │回款入款│ │呆账提报│
   └────────┘ └───┬────┘
                  ↓
              ┌───────┐
              │ 核 准 │
              └───┬───┘
                  ↓
              ┌───────┐
              │ 销 账 │
              └───────┘
```

图 6－1　逾期账款管理流程

第三条　账务每月定期提报账龄分析表，通知销售代表，并报告销售分公司或营销部及财务部。

第四条　对于逾期账款，财务部填写欠款催账单，交客户代表催收货款。在逾期货款未收回时，财务部应停止向该客户出货；若有特例，应按照权责规定审批。

第五条　超过规定账龄无法回款的客户，客户代表须填写客户账款调查报告表，说明催收结果。

第六条　公司销售部定期汇总各营销部无法收回的账款，提报法律顾问处理。

1. 若法律顾问对客户提出起诉，销售部应协助法律顾问准备以下资料：

（1）出货单回执联（有客户签收）。

（2）原始发票。

（3）对账单（有客户盖章签字）。

（4）经销合同。

（5）客户欠账金额说明。

（6）客户基本资料，如电话、地址、负责人、开户行、账号、营业执照复印件等。

2. 销售部每月跟催法律顾问处理结果。

第七条　当法律顾问追回货款时，财务须及时将追回款入账。

第八条　法律顾问确认无法追回的货款，客户代表应按法律顾问最终处理意见，填写呆账处理意见申请单。

第九条 客户代表将呆账处理意见申请单交财务检查金额后，交客户经理签核、财务部会签和总经理核准。

第十条 呆账处理意见申请单核准后，账务应与财务部共同进行销账程序，进行销账。

第十一条 客户倒闭时，客户代表应尽量拉回客户货物以冲抵货款。对拉回的货物，应做以下处理：

1. 客户代表列出货物清单，说明估价及折价原则，给出货物估价，然后交经理签核。

2. 货物清单签核后，交账务留存，并报客户经理及财务部备查。

3. 销售分公司营销部负责将货物及时售出，其回款用于冲销该笔货款，其不足部分以呆账形式予以销账。

第十二条 注意事项

账务应对呆账处理意见申请单存档保管。

6.10 公司呆、坏账处理制度

第一条 本公司为了规范呆、坏账的管理工作，确保公司在法律上的各项权益，特制定本制度。

第二条 各分公司应对所有客户建立"客户信用卡"，并由客户代表根据过去半年内客户的销售实绩及信用的判断，拟定其信用限额（若有设立抵押的客户，以其抵押标的担保值为信用限额），经主管核准后，应转交财务人员妥善保管，并填记于该客户的应收账款明细账中。

第三条 信用限额即公司可赊销给客户的最高限额，指客户的未到期票据及应收账款总和的最高极限。任何客户的未到期票款不得超过信用限额，否则应由客户代表及客户经理、财务人员负责，并负所发生倒账的赔偿责任。

第四条 为适应日趋激烈的市场竞争，并配合客户的营业活动，每年分两次核定客户信用限额，可由客户代表呈请调整客户的信用限额。第一次为 6 月 30 日，第二次为 12 月 31 日，核定方式如第二条。分公司主管视客户的临时变化，应要求客户代表随时调整各客户的信用限额。

第五条　客户代表收受支票的发票人非客户本人时，应交客户加盖名章及签名背书，经分公司主管核阅后缴出纳；若因疏忽所导致的损失，则应由客户代表及分公司主管各负一半的赔偿责任。

第六条　各种票据应根据记载日期进行兑现，不得因客户的要求而擅自改变或迟延原兑现，但经分公司主管核准者不在此限。催讨换延发票时，原票尽可能留待新票兑现后再返还票主。

第七条　客户代表不得以其本人的支票或代换其他支票充缴货款，如经发现，除应负责该支票兑现的责任外，还要以侵占货款依法追究其责任。

第八条　分公司收到退票资料后，若所退支票为客户本人发票人时，分公司主管应立即督促客户代表于一周内收回票款；若所退支票有背书人时，应填写支票退票通知单，一联送背书人，一联存查，并进行催讨工作。若因违规所造成的损失，一概由分公司主管及客户代表共同负责。

第九条　各分公司对催收票款的处理，在1个月内经催告仍无法达到催收目的，其金额在2万元以上者，应将该案移送法务室依法追诉。

第十条　催收或经诉讼案件，有部分或全部票款未能收回者，应取得公安机关证明、邮局存证信函及债权凭证、法院和解笔录、申请调解的裁决凭证、破产宣告裁定等。其中的任何一种证件，送财务部做冲账准备。

第十一条　由于没有核定信用限额或超过信用限额的销售而发生倒账，其无信用限额的交易金额，由客户代表负全部赔偿责任。超过信用限额部分，若经财务或主管阻止者，全部由客户代表负责赔偿；若财务或主管未加阻止者，则客户代表赔偿80%，财务及主管各赔偿10%。

若超过信用限额达20%以上的倒账，除由客户代表负责赔偿外，对分公司主管则视情节轻重予以惩处。

第十二条　客户代表应防止而未防止或有勾结行为者，以及没有合法营业场所或虚设银行账号的客户，不论信用限额如何，全部由客户代表负赔偿责任。送货签单因客户代表的疏忽而遗失，以致货款无法回收者亦同。

第十三条　业务往来未到半年的客户，其信用限额不得超过人民币2万元；如违反规定而发生呆账，由客户代表负责赔偿全额。

第十四条　各分公司客户经理、客户代表于其所负责的销售区域内，呆账率（即实际发生呆账金额除以全年销售净额的比率）设定为全年5‰。

第十五条　各分公司客户经理、客户代表每年发生的呆账率超过容许呆账率的处理规定如下：

1. 超过5‰未满6.5‰者，警告一次，减发年终奖金10%。
2. 超过6.5‰未满8‰者，书面警告一次，减发年终奖金20%。
3. 超过8.5‰未满10‰者，记小过一次，减发年终奖金30%。
4. 超过10‰未满12‰者，记小过两次，减发年终奖金40%。
5. 超过12‰未满15‰者，记大过一次，减发年终奖金50%。
6. 超过15‰以上者，即行调职，不发年终奖金。

若中途离职，于其任职中的呆账率达到上列的各项程度时，减发奖金的比例，以离职金计算。

第十六条　各分公司客户经理、客户代表每年发生的呆账率低于5‰时的奖励如下：

1. 低于5‰（不包括5‰）高于4‰（包括4‰），嘉奖一次，加发年终奖金10%。
2. 低于4‰高于3‰者，嘉奖两次，加发年终奖金20%。
3. 低于3‰高于2‰者，记小功一次，加发年终奖金30%。
4. 低于2‰高于1‰者，记小功两次，加发年终奖金40%。
5. 低于1‰者，记大功一次，加发年终奖金50%。

若中途离职，不予计算奖金。

第十七条　各分公司客户经理、客户代表以外人员的奖励，以该分公司每年发生的呆账率低于容许呆账率时实行。具体内容规定如下：

1. 低于5‰（不包括5‰）高于4‰（包括4‰）者，每人加发年终奖金5%。
2. 低于4‰高于3‰者，每人加发年终奖金10%。
3. 低于3‰高于2‰者，每人加发年终奖金15%。
4. 低于2‰高于1‰者，每人加发年终奖金20%。
5. 低于1‰者，每人加发年终奖金25%。

第十八条　分公司因呆账催讨回收的票款，可作为其发生呆账金额的减项。

第十九条　法务室依第九条接受办理的呆账，依法催讨收回的票款减除诉讼过程的一切费用的余额，其承办人员可获得如下的奖金：

1. 在受理后6个月内催讨收回者，奖励20%。
2. 在受理后1年内催讨收回者，奖励10%。

第二十条 依第十一条已提列坏账损失或已从呆账准备冲转的呆账，客户代表及稽核人员仍应视其必要性继续催收，其收回的票款，承办人可获得 30%奖金。

第二十一条 本制度的呆账赔偿款项，均从该负责人员的薪资中，自确定月份开始逐月扣赔。每月的扣赔金额，由其主管签呈核准的金额为准。

6.11 收款通知单

收款单位_____　　年　月　日　编号_____字_____号

客户名称	销售单号码	摘　要	金　额	备注

<table>
<tr><th rowspan="6">收款记录</th><th>出票人</th><th>银行名称</th><th>账号</th><th>票据号码</th><th>到期日</th><th>金　额</th><th colspan="2">附　　件</th></tr>
<tr><td></td><td></td><td></td><td></td><td></td><td></td><td colspan="2">折让证明　张</td></tr>
<tr><td></td><td></td><td></td><td></td><td></td><td></td><td colspan="2"></td></tr>
<tr><td></td><td></td><td></td><td></td><td></td><td></td><td colspan="2">出纳科点收</td></tr>
<tr><td colspan="5">折　　　　让</td><td></td><td colspan="2"></td></tr>
<tr><td colspan="5">合　　　　计</td><td></td><td colspan="2"></td></tr>
</table>

副经理：　　　　　科长：　　　　　经手人：

6.12 收款日报表

项次	客户名称	发货单号码	支票日期	付款银行名	票号	发票人或账号	收回金额									收款分析			备注
							十	万	千	百	十	元	角	分	发货天数	支票票期	利息	
合计																		

说明	1. 收款有折让时应填写折让证明单，并呈请主管批准后与本表一并交会计单位。 2. 本表应连同货款先送会计单位办妥手续后，再交有关单位人员。 3. 私户支票及客票应由付给人盖章（店章或私章）背书。	今日收款核计	应收款 票据 现金 折让 其他 实收

经理：　　　　科长：　　　　会计：　　　　出纳：　　　　经办人：

6.13 收款异样报告表

		经理		科长		承办人	
顾客名称		A、B、C 等级	平均每月交易额	万元	交易年资	年

收款异状情况	造成异状的原因
1. 收款金额（差额 10% 以上） 　预定收款金额　　　　　万元 　实际收款金额　　　　　万元 　差　　　额　　　　　　万元	1. 对方尚未整理账目 　（1）对方尚未验收及核账 　（2）整批订单里先交的部分货品 　（3）因迟延交货故尚未验收及核账 　（4）货品尚未送达 　（5）账单未送达 　（6）货品不良不予核账 　（7）退货 　（8）其他
2. 迟延付款日数（10 天以上） 　约定付款日期　　　　月　日 　实际收款日期　　　　月　日 　迟　延　天　数　　　　日	
3. 付款方法上的差异（达 10% 以上时） 　合同规定·现金　%·票据　%·合计　% 　实际收到·现金　%·票据　%·合计　% 　差　距·现金　%·票据　%·合计　%	2. 由于对方资金周转不灵 　（1）设备投资过于庞大 　（2）对方要赖，故意倒账 　（3）对方货品库存积压，资金周转不灵 　（4）对方的原、物料库存过大 　（5）对方销售不振 　（6）其他
4. 票据延期（达 10 日以上） 　原订付款日期　　　　　　日 　延期付款日期　　　　　　日 　延　缓　天　数　　　　　日	
有关该公司的舆论评价 1. 未曾听说 2. 听到的内容	适应对策的意见 1. 继续交易往来 2. 一面警戒一面继续往来 3. 终止往来 4. 其他
上级的决策指示　1. 终止交易	（1）即刻终止交易；（2）暂时停止交易；（3）伺机停止交易
2. 继续交易	（1）限制每个月的交易金额_____ （2）待改善收款条件后再继续往来_____ （3）慎选交易商品继续做交易
3. 其他	

6.14 应收账款票据日报表

年　月　日

<table>
<tr><th rowspan="2"></th><th>销货类别</th><th>应收账款昨日结存</th><th>本日销货</th><th>折　　让</th><th>转应收票据</th><th>今日结存</th><th>本月销货累计</th></tr>
<tr></tr>
<tr><td rowspan="5">应收账款</td><td></td><td></td><td></td><td></td><td></td><td></td><td></td></tr>
<tr><td></td><td></td><td></td><td></td><td></td><td></td><td></td></tr>
<tr><td></td><td></td><td></td><td></td><td></td><td></td><td></td></tr>
<tr><td></td><td></td><td></td><td></td><td></td><td></td><td></td></tr>
<tr><td>合计</td><td colspan="6"></td></tr>
</table>

<table>
<tr><th rowspan="2"></th><th colspan="2">说　　明</th><th>昨日结存</th><th>本日收票</th><th>退　票</th><th>兑　现</th><th>其　他</th><th>本日结存</th></tr>
<tr></tr>
<tr><td rowspan="4">应收票据</td><td></td><td>本票</td><td></td><td></td><td></td><td></td><td></td><td></td></tr>
<tr><td></td><td>支票</td><td></td><td></td><td></td><td></td><td></td><td></td></tr>
<tr><td></td><td>本票</td><td></td><td></td><td></td><td></td><td></td><td></td></tr>
<tr><td></td><td>支票</td><td></td><td></td><td></td><td></td><td></td><td></td></tr>
</table>

总经理：　　　　　　审核：　　　　　　　　　　　　　　　填表：

6.15　应收账款票据分户明细表

编号：　　账号：　　负责人：　　指定：　　保证人：
客户：　　地址：　　信用限额：　　电话：　　背书人：　　No.

| 销货 || 销货单号 | 摘要 | 冲转 | 应收账 | 收票 || 摘要 | 应收票据 | 到期日 | 冲转 | 兑现 | 总计 |
月	日					月	日						

过次页

6.16 月收款状况表

类别:

客户别	上期未收	本期应收	合计	收款记录	折让	退货待查	本期未收	备注	已清
合　计									

经理:　　　　　　　科长:　　　　　　　业务员:

6.17 应收账款票据分析表

月份	销售额	累计销售额	未收账款	应收票据	累计票据	未贴现金额	兑现金额	累计金额	退票金额	坏账金额
1月										
2月										
3月										
4月										
5月										
6月										
7月										
8月										
9月										
10月										
11月										
12月										

分析

6.18 客户延迟付款分析表

1	对方尚未验收及核账
2	因延迟交货而引起
3	货品不良不予核账
4	对方付款能力恶化
5	由于对方处理事务的疏忽
6	设备过于庞大
7	对方耍赖，故意这样
8	对方销售不振
9	交易之初未讲好付款条件
10	由于清款单订得太慢，或是内容不对
11	由于货物性能、质量问题
12	交易未能按照对方的希望或约定进行
13	基于两公司间的纠纷
14	对方本来就不想付账

6.19 客户赊款回收计划表

月份	销售计划金额	回收计划 现金	回收计划 90天内票据	回收计划 90天以上票据	合计	客户赊款余额	回收率（%）	无法回收率（%）
1								
2								
3								
4								
5								
6								
7								
8								
9								
10								
11								
12								

注：1. 回收率 = $\dfrac{当月回收计划合计}{月初客户赊款余额 + 当月销售计划} \times 100\%$

2. 无法回收率 = $\dfrac{2个月以上的赊款回收}{月初客户赊款余额 + 当月销售计划} \times 100\%$

6.20　客户问题账报告表

单位：元

<table>
<tr><td rowspan="7">基本资料栏</td><td>客户名称</td><td></td><td>负责人</td><td></td></tr>
<tr><td>公司地址</td><td></td><td>工厂地址</td><td></td></tr>
<tr><td>E - mail</td><td></td><td>电话</td><td></td></tr>
<tr><td>经办人</td><td></td><td>交易项目</td><td></td></tr>
<tr><td>开始往来日期</td><td></td><td>平均每月交易额</td><td></td></tr>
<tr><td>授信额度</td><td colspan="3"></td></tr>
<tr><td>问题账金额</td><td colspan="3"></td></tr>
<tr><td>经过情况</td><td colspan="4"></td></tr>
<tr><td>处理意见</td><td colspan="4"></td></tr>
<tr><td>附件说明</td><td colspan="4"></td></tr>
<tr><td>备注说明</td><td colspan="4"></td></tr>
</table>

制表人：_____　　　　　　　　制表日期：___年___月___日

6.21 呆账分析表

项目 客户名	年度		年度		合计	
	张数	金额	张数	金额	张数	金额

6.22 订单登记表

月份　　　　　　　　　　　　　　　　　　　　　　　　　　　页次

接单日期	单号	客户名称	产品名称	数量	出口条件	单价	金额	预定交货	信用情况	生产日期	装船	押汇日期	运费保险费	退税凭证
年 月 日									已接单 截止日	自 至	自 至			

6.23　客户订货统计表

No.

客户名称					负责人							
地　　址					电　话							
产品类型	日期	数量	备注	产品类	日期	数量	备注	产品	日期	数量	备注

产品类型	月份 价格	1	2	3	4	5	6	7	8	9	10	11	12	总计	备注
合　计															

6.24 发货通知单

事业部 销售科					客户名称及地址					运出时间
收货人名称及地址										
品名	内外销	种类	规格	等级	批号 (Lot No)	总 重 量		单位	箱（包）数 及铝管根数	运送 负责人
									箱（包）	
销货单编号	成品编号		交货通知编号	统一 发票 号码						到达时间
									共　张	
货运行名称		运送方法			包　装			运费负担		点　收 负责人
		1.铁路整车□ 4.卡车零担□ 2.铁路零担□ 5.海　运□ 3.卡车整车□ 6.其　他□			1.木箱□ 4.纸包□ 7.其他□ 2.纸箱□ 5.草包□ 3.麻袋□ 6.无包装□			1.卖方负担□ 3.买方负担□ 2.加工厂负担□ 4.其　他□		
完税照 字　号		发货日期 年　月　日			发货通知 单编号					

主管：　　　　　　　　经办：

注：本单一式六联：第一联料务科存查，第二联送事业部销售科，第三联为出门证（守卫室登记后送厂务处成本科），第四联客户收执，第五联客户签回→料务科→销售单位→财务处，第六联为申请运费联，客户签收后由承运人收存，以凭向储运科申请运费。

6.25　发货明细表

客户：　　　　　　　　　发货单号：　　　　　　　日期：

	批号	编号	数量	重量(kg)	毛病	备注		批号	编号	数量	重量(kg)	毛病	备注
1							51						
2							52						
3							53						
4							54						
5							55						
6							56						
7							57						
8							58						
9							59						
10							60						
11							61						
12							62						
13							63						
14							64						
15							65						
16							66						
17							67						
18							68						
19							69						
20							70						
21							71						
22							72						
23							73						
24							74						
25							75						
26							76						
27							77						
28							78						
29							79						
30							80						
31							81						
32							82						
33							83						
34							84						
35							85						
36							86						
37							87						
38							88						
39							89						
40							90						
41							91						
42							92						
43							93						
44							94						
45							95						
46							96						
47							97						
48							98						
49							99						
50							100						
	合　计							合　计					

主管：　　　　　　　　　　　　　　　　　　　　　　　　　制表：

6.26 发货月报表

提货单冠字：　　　　　　　　　年　月　　　　　　　　　第　页

订购日期	提货单号数	单价	上月结欠		本月订货		本月发货		本月结欠		备注
			数量	金额	数量	金额	数量	金额	数量	金额	

副经理：　　　　　营业科长：　　　　　复　核：　　　　　制　表：

6.27 提货单

购货单位：　　　　　　　　　　　　　　　　　　运输方式：
收货地址：　　　　　　年　月　日　　　　　　　编　号：

产品编号	产品名称	规格	单位	数量	单价	金额	备注
合　计							

销售部门负责人（盖章）　　　　发货人：　　　　提货：　　　　制表：

6.28　送货单

顾客姓名：＿＿＿＿＿＿＿＿＿＿＿＿
地　　址：＿＿＿＿＿＿＿＿＿＿＿＿
电　　话：＿＿＿＿＿＿＿＿＿＿＿＿

订货日期		送货日期	
数　量	货　品　名　称		备　注

此收据为上列购货开出，多谢购本公司产品。

直销品

（请签名盖章，并示地址及电话）

注：第一联：顾客存单；第二联：直销商存单；第三联：记录存单。

6.29 送货一览表

年　　月　　日　　　　页数

发票号码	发票金额	送货单号码	品别	成品编号			单位	数　量	单价	金　额	付　款
				类别	宽度	长度					

6.30 送货日计表

单据类别：☐☐
送货日期：☐☐☐

送货单号码	提单号码	客户名称	客户编号	品名	品名编号	品级	数量	单价	金额	出库单位	出库代号	发票号码	备注

经（副）理： 科长： 组长： 制表：

注：本表为三联式；第一联存根；第二联业务部；第三联会计科。

6.31 交货进度追踪表

___月份

受订日期	客户名称	品名规格	数量	需要日期	交期预定进度 5　10　15　20　25　30	完否

1. 追踪交期点，为制造完成日前3天。
2. 预定交期以蓝色笔画一横线表示，变更时以红色笔注明。
3. 实际交期及交运量以蓝色笔注记于该日表示。

237

6.32 退货申请表

1. 请用钢笔或圆珠笔正楷填写。
2. 退货时,必须附原购统一发票/送货凭单、进货退回证明单。
3. 如不填妥本表格各栏,或欠缺任何必须检附的证明文件,公司将等候文件齐全后再受理退货。

退货性质
请用(✓)号表示
□开立代用券
□退还款项
退货原因代号
A. 顾客不满意 B. 品质瑕疵 C. 存货过多 D. 包装损坏 E. 直销商退出

公司专用	
日期	
买受人姓名	
直销商编号	
地址	县 乡 村 市 镇 区 巷 弄 号 楼 室 电话
直系直销商姓名	
直系直销商编号	

公司专用	产品编号	数量	产品名称	积分额	售货额	直销商价格	退货原因代号	如顾客不满意请详列原因顾客姓名、地址电话

退货组	
仓储部	
会计部	

总 计		
公司专用	扣除手续费 扣除运费 扣除奖金 应退总额 营业税	
备注:		

如为直销商退出请详列	
退出直销商编号	退出直销商姓名

第 7 章

客户开发管理必备制度与表格

7.1 客户开发选择制度

第一条 为选择新的原料供应商作为本公司的合作客户,以保证企业原材料的合理供应以及确定合理标准与选择程序,特制定本制度。

第二条 新客户的选择原则

1. 新客户必须具备按时供货的管理能力;
2. 新客户必须具备满足本企业质量要求的设备和技术;
3. 新客户必须达到较高的经营水平,具有较强的财务能力和较好的信用;
4. 新客户必须具有积极的合作态度;
5. 新客户的成本管理和成本水平必须符合本公司要求;
6. 新客户必须遵守双方在商业上和技术上的保密原则。

第三条 新客户选择程序

1. 常规调查

(1) 候选客户向本公司提交企业发展历程、企业概况、最新年度决算表、产品指南、产品目录等文件。

(2) 与新客户的负责人交谈,进一步了解其生产经营情况、经营方针和对本公司的基本看法。

(3) 新客户技术负责人与本公司技术和质量管理部门负责人进一步商洽合作事宜。

2. 实地调查

根据常规调查的总体印象做出总体判断,衡量新客户是否符合上述基本原则。在此基础上,资料部会同技术、设计、质量管理等部门对新客户进行实地调查。调查结束后提出新客户认定申请。

第四条 开发选择认定

1. 提出认定申请报告

根据常规调查和实地调查结果,向营销部主管正式提出新客户选择申请报告。该报告主要包括以下项目:

(1) 与新客户交易的理由及今后交易的基本方针;

(2) 交易商品目录与金额;

(3) 调查资料与调查结果。

2. 签订商品供应合同

与所选定的新客户正式签订供货合同，签订合同者原则上应是本公司的资料部部长和新客户的法人代表。

3. 签订质量保证合同

与供应合同同时签订的还有质量保证合同，其签订者应与以上合同相同。

4. 设定新客户代码

为新客户设定代码，进行有关登记准备。

5. 其他事项

将选定的新客户的基本资料递交本企业相关部门；确定购货款的支付方式；将新客户有关资料存档。

7.2 客户开发建议管理制度

第一条 目的

客户开发人员在市场开发与产品销售的过程中会形成许多宝贵建议。为大力发掘员工内在的思考力和创造力，充分利用员工的聪明才智，推动企业的持续发展，特制定本制度。

第二条 建议人资格

本公司的专职与兼职客户开发人员以及其他机关人员均可就企业的经营与发展提供合理化建议。

第三条 建议内容

1. 企业整体营销策略的调整；
2. 客户开发与市场开发策略的制定；
3. 客户管理方法。

第四条 建议方法

1. 员工将写好的建议投入提案箱，公司于每月 20 日开箱并于月底前审查完毕；
2. 建议内容不需获得各级主管的许可；
3. 每 3 个月召集全体员工集会讨论一次，评定奖级，当场发奖。

第五条 审查委员会的职责及组成

1. 审查委员会的主要职责：

调查提案内容，讨论并协调各单位之间的意见，并做出评价。

2. 审查委员会由下列人员组成：

主任委员由常务董事担任；

副主任委员由副总经理或厂长担任；

委员由 4 名主管级人员担任。

第六条 主任委员及委员的职责

1. 主任委员的职责：

（1）主持委员会之议事；

（2）主任委员有事时，由副主任委员代理。

2. 委员的职责

委员须出席审查委员会，并公正、迅速审查，决定是否采用。其职责如下：

（1）委员会各项事务的执行；

（2）所有建议的事前调查及资料的准备；

（3）与建议制度有关的企划推进、统计及公共关系；

（4）其他与建议制度有关事项。

第七条 建议的审查及询问

1. 原则上委员会会议于每月月底召开，或者与经理级会议一并举行。

2. 审查的决议原则上须经全体委员同意，并经主任委员决定。

3. 委员会如在审查过程中需要有关人员说明，须与建议涉及的单位共同研究。

第八条 奖励办法（见表 7－1）

1. 各项提案根据其评分给予奖励；

2. 对于提合理化建议的员工应予表扬，原则上表扬于次月 10 日举行；

3. 另设实施绩效奖；

4. 公司各部门依建议件数多少（以决定采用的建议为计算基准）与人数之比例，统计前 3 名。由公司颁发"团体奖"并将其作为单位考绩的参考。

表 7-1　　　　　　　　　　提案奖励办法

等级	评分基准	金额（元）
一等	具有独创性及经济价值，并可能实施。其内容可划分为四个等级	1000.00
二等		800.00
三等		600.00
四等		400.00
线索奖	该项建议具有独创性，将来可能有用	200.00
努力奖	建议人已努力，但其建议不可能实施	赠奖品

第九条　审查决定后的通知及公告

1. 每月月底公布审查的结果，并通知建议人。
2. 经采用者在本公司通告上予以公布。

第十条　建议的保留或不采用的处理

1. 经委员会认定尚有待研究者，须暂予保留，延长其审查期间；
2. 未被采用的建议如审查委员会认为稍加研究即可充分发挥效果者，应告知建议人，并予以协助。

第十一条　专利权的处理

1. 委员会应将决定采用的建议，分部门填写建议实施命令单，于建议提出后的次月 15 日以前交各部门组织实施。
2. 经办部门的经理应将实施日期和要领填入建议实施命令单内，于月底前送交委员会，如遇实施上的困难时，应将事实报告主任委员。
3. 经决定采用的建议在实施上如与有关部门的意见不合时，由主任委员裁决。
4. 建议实施后其评价如超过原先预期之效果时，由委员会审查后追补建议人奖金。
5. 实施的最后确认由审查委员会负责，但实施责任应属各部门，有关建议实施的困难事项，由委员会处理。

7.3　客户开发提案改善制度

第一条　为集中个人的智慧与经验，鼓励员工，特别是直接面向市场的客户开发人员，提出更多有利于公司生产改善、业务发展的建议，以达到降低成本、提高质量、增加公司效益、激励同仁士气的目的，特制定本办法。

第二条 提案内容为针对本公司生产、经营事务且具有建设性及具体可行的改善方法。

1. 公司关于客户的销售政策与信用政策；
2. 各种操作方法、制造方法、生产程序、行政效率等的改善与提高；
3. 提高原料的使用效率，改用替代品，节约能源等；
4. 新产品的设计、制造、包装及新市场的开发等；
5. 各种应收款项及呆死账的回收政策与策略。

第三条 提案如包含下列内容，即为不适当的提案，不予受理：

1. 攻击团体或个人的提案；
2. 诉苦或要求、改善待遇的提案；
3. 与曾被提出或被采用过的提案内容相同的提案；
4. 与专利法抵触的提案。

第四条 提案人或单位应填写规定的提案表，必要时可另加书面或图表说明，投入提案箱，每周六开箱一次。

第五条 审查组织

1. 各公司成立"提案审查小组"，该小组由有关主管组成。
2. 公司成立"提案审查委员会"，该委员会由总经理及公司有关部门主管组成并设执行秘书。

第六条 审查程序

1. 各提案表均须先经各公司"提案审查小组"初审并经评分通过后，方可呈报"提案审查委员会"（公司各部门提案直接送委员会）。
2. "提案审查委员会"每月视提案需要，召开 1～2 次委员会会议，审查核定各小组汇集呈送的提案表及评分表，必要时请提案人或有关人员列席会议并做出解释说明。

第七条 审查准则

1. 提案审查项目及配合

（1）动机 20%；

（2）创造性 15%；

（3）可行性 25%；

（4）投资回收期 30%；

（5）应用范围10%。

2. 成果审查项目及配合

（1）动机15%；

（2）创造性20%；

（3）努力程度15%；

（4）投资回收期25%；

（5）同效益25%。

第八条 审议决定采用的提案，交由有关部门实施，除通知原提案人外，还须进行实施成效检查。

第九条 不采用的提案，将原件发还原提案人。

第十条 保留的提案，须经较长时间考虑的，要将保留理由通知原提案人。

第十一条 成果检查

1. 议定实施的提案，各实施部门应认真执行，每月应填具成果报告表，呈直属主管核定后，转呈"提案审查小组"。经3个月的考核，并予评分后，再呈"提案审查委员会"。

2. "提案审查委员会"依"审查小组"所呈的成果报告表及评分表做出审查核定。

第十二条 提案奖励：改善提案由"审查委员会"评定，凡采用者发给1200~6000元的提案奖金，未采用者发给50元的奖金。

第十三条 成果奖励："审查委员会"依提案改善成果评分表，可核给500~10000元的奖金。

第十四条 特殊奖励：提案采用实施后，经定期效益追踪，成果显著、绩效卓越者，由委员会核计实际效益后，报请核发20000~100000元的奖金。

第十五条 团体特别奖：以科为单位，6个月内，每人平均有被采用提案4件以上的，发给前3名特别奖：

1. 第一名：锦旗及奖金5000元；

2. 第二名：锦旗及奖金3000元；

3. 第三名：锦旗及奖金2000元。

第十六条 提案内容如涉及国家专利法者，其权益属本公司所有。

第十七条 本制度经呈董事长核定后公布实施，修改时亦同。

7.4 客户开发提案建议管理条例

第一条 为了调动广大员工，特别是直接面对市场，与客户进行交流的客户开发人员的积极性、创造性，推动公司提案建议和客户开发、客户管理方面工作的开展，促进生产技术的进步，改善经营管理，增强企业活力，特制定本条例。

第二条 提案建议和技术革新、技术开发工作是企业管理的重要组成部分，是提高企业效率的重要手段。各部门要支持和鼓励员工开展这项活动。

第三条 本条例由总工室和科技项目评审委员会组织实施。

第四条 本条例实施奖励的范围包括两个方面：

1. 被采纳并取得效果的合理化建议；
2. 取得成果的技术革新、技术开发项目。

第五条 合理化建议和技术革新、技术开发项目应该在如下诸方面发挥效用：

1. 挖掘设备潜力，改善通信网络，增强通信能力；
2. 改善经营管理，提高质量和经济效益；
3. 应用新技术、新设备、新材料、新工艺，推广新的科技成果，对引进的先进设备和技术进行消化、吸收、改造，取得明显的经济效益；
4. 开拓新的业务领域、增加企业收入；
5. 计算机技术的应用取得明显的经济效益；
6. 改善劳动组织，降低劳动强度，改进设备维护、业务操作方式方法，提高劳动生产效率；
7. 节约能源及其他费用开支，降低生产成本；
8. 降低工程造价，节约基建投资资金；
9. 解决公司在生产中急需解决的重大技术难题。

第六条 成果评审鉴定后，对于需要申报奖励的项目，已在上级主管部门立项的由总工室按有关规定向上申报；未在上级主管部门立项的由公司各部门填写相关申请表报总工室。

第七条 向上报奖的项目由上级主管部门审查，其余项目由公司"科技项目评审委员会"负责审查。

第八条 公司"科技项目评审委员会"将从各部门申报的项目中选择优秀项目向上申报"科学技术进步奖"。

第九条 未向上报奖或上报而未获奖的项目,由公司"科技项目评审委员会"组织评定奖励。

第十条 对符合奖励条件的合理化建议或技术革新、技术改造项目,按其产生经济效益的大小进行一次性奖励。

第十一条 对于经济效益不容易估算的项目,评审委员会可按其作用大小、技术难易、创新程度、推广价值,给予科学、客观、公正的评判,确定相应的奖励等级。

第十二条 公司"科技项目评审委员会"必须公正、实事求是地对合理化建议和技术革新、技术开发项目进行评奖,评审人员及其他与项目无关人员不能参与奖金分成。

第十三条 对获奖项目及人员有争议,须待争议解决之后才能给予奖励。

第十四条 本条例自颁布之日起开始施行。

7.5 大客户开发步骤

1. 对现有或潜在大客户进行分类

根据公司经营方向和发展的重点,将公司现有客户或准客户按照产品类别、客户性质、服务内容等来加以分类,以便大客户小组的分类开发能更有效。

2. 对大客户进行分析

在开发每一个大客户之前都必须首先了解客户,知道客户的优势和劣势,及其可利用的资源,这样有利于更全面地了解并迅速开发出其潜在需求,并通过产品/服务来扩大优势,把劣势缩小到最小。主要分析的内容有:

(1)客户的流动资产率——客户是否有买单的现金实力是很关键的;

(2)客户的净利润率——这个可以衡量整个公司的收益状况;

(3)客户的资产回报率——这个可以比较客户的投资与收益,并用来评估客户公司的管理水平;

(4)回款周期——可衡量客户公司内部的现金是用来偿还贷款还是作为流动资金来使用的;

（5）存货周期——可以衡量出客户的销售能力或实际使用量，还可以看出其现金流动的速度。

调查一个大客户如何管理这些核心的工作是大客户小组的中心工作，如果选择大客户失误将给公司带来莫大的损失，包括人力资源、物流配送的浪费，成本的上升，应收款的危险等等问题。当然客户状况需要了解的内容还有很多，比如说，产品被客户转卖到了哪里？商品最终被谁买走了？是什么层次什么性别什么年龄的人买的？为什么会买我们的商品？客户又是用什么方式来卖我们的商品？怎样运输、保管？……这些内容都需要花时间去了解，分析这些内容可以更有利于提高服务的效益，提高竞争力，以便在客户碰到问题时能在第一时间给予解决，这样的顾问式销售可以给企业带来更多的本质变化。

3. 客户购买习惯/过程分析

因为是大客户的缘故，所以这些采购者所涉及的资金都是相当庞大的，其购买决策并不是一两个人就能决定的，甚至这些产品的采购（经销）会改变该公司的经营方向和赢利方式，所以其购买过程就会显得漫长和复杂。首先，购买（经销）的类型有三种：

（1）初次购买（经销）——这类客户的开发时间是比较长的，有的甚至超过1年，像二手车、叉车之类的大宗产品，让这类客户认识产品/公司本来就需要一段时间，难度也会很大，需要从头到尾的一个销售周期。

（2）二次或多次购买（经销）——这是在已经购买了产品以后，第二次或第n次购买，这个过程就相对很短了，客户在前期已经认可了产品/公司，不需要解说最基本的东西。出现需要时就会发生购买行为。客户所关注的内容也会有所不同，例如服务标准是否改变、产品质量是否一样、价格是否能更便宜、是否有足够的库存等等这样的问题。

（3）购买（经销）其他产品——有时候客户需要调整公司的战略或者产品/服务，因此也要求供应商做出相应的调整，这时候其实是更重要的考验，一定要把握好，一点点的失误就会前功尽弃，把原来的产品/服务一起让给竞争对手了。不过这样的采购（经销）可以加强和客户的关系，而让客户对公司的评价越来越高，最终大大减少竞争对手的机会。

4. 影响客户购买（经销）的因素

（1）费用——购买的费用占客户支出额越大，则其决策人职位就越高，决策速度就越慢，决策过程就越复杂。采购成本是不是过高？利息是高还是低？市场对这个产品的接受程度如何？有能力销售好产品吗？这些都是客户要着重考虑的问题。

（2）购买（经销）产品是否有足够的科技含量——客户要考虑这类产品/服务是否太超前了，能否跟上技术发展的步伐，多久就会被新技术取代等等。

（3）购买（经销）的复杂程度——客户所提供的产品/服务越复杂，客户所需要处理的技术问题就越多，潜在成本也就越高，而且必要时还要另请专业人士。

（4）政治因素——政府的政策是否对本行业或客户有影响呢？法律议案对市场会造成冲击吗？像我国的宏观调控、贷款控制，相关政策规定对房地产和汽车业的冲击是无法计算的，对该行业的中小企业来说影响极其巨大。

（5）当然还包括该客户在公司所处的地位、决策人在公司的地位、决策人的性格等等，我们就不一一列举了，通常成功的大客户销售经理在谈判之前都会先了解买家决策者所要面临的种种压力，其最关心的问题、操作程序等等相互关联的问题。

5. 分析公司与客户的交易记录

主要包括客户每月的销售额、采购量，我们的产品在该公司所占的份额，单品销售分析等等。

6. 做 SWOT 的竞争分析

任何公司都希望最大利益化地满足客户需求，以获得客户较高的价值认同，要做到这一点就必须和最大的竞争对手进行比较，并做好决策，同时也要看到我们的开发风险。

7. 费用、销售预测分析

包括销售额、销售利润，需要的库存利息、人员的支出、差旅费、风险系数高低、开发客户所带来的管理和经营费用等等，从而真正得出该大客户是否有价值开发。

8. 能给大客户提供什么

这是最关键的一点，要根据不同行业、不同产品进行区分，在办公设备公司将为大客户创造不同一般的价值和服务，包括：

（1）降低综合采购成本——劳动成本、设备损耗、保养费用、库存利息、能源开发等。

（2）增加收益——提高销售、加强生产线、提高利润率等。

（3）避免浪费——减少对新人员的需求、减少对新设备的需求和维修次数。

（4）提高工作效益——简化采购流程、优化采购组织。

（5）解决方案——真正为客户解决实际的问题。

（6）无形价值——提高客户的声誉，加快决策过程。

7.6 寻找潜在客户的方法

1. 在你认识的人中发掘

在你所认识的人群中，可能有些人在一定程度上需要你的产品或服务，或者他们知道谁需要。这些人包括你现有的客户、过去的客户、亲戚、朋友、熟人、同事、同学、邻居、你所加入的俱乐部或组织的其他成员等。你需要的是同他们沟通交流。

2. 从商业联系中寻找机会

商业联系比社会联系容易得多。借助于各种交往活动，你可以更快地进行商业联系。许多行业都有自己的协会或俱乐部，在那里你可以发现绝佳的商业机会。

3. 各种统计资料

国家相关部门的统计报告，行业、研究机构、咨询机构发表在报刊或期刊等上的调查资料等。

4. 利用各种名录类资料

如客户名录、同学名录、会员名录、协会名录、职员名录、名人录、电话黄页、公司年鉴、企业年鉴等。

5. 阅读报纸、杂志和有关的专业出版物

事实上，这是一条最有效的寻找潜在客户的途径。把你认为有价值的信息都摘录下来，然后进行简单归档整理，你会发现这些信息为你提供了许多重要商业机会。

6. 充分利用互联网络

信息高速公路向你展示的不仅是它惊人的速度，更重要的是信息的数量和广度。在网络世界里，你可以很容易找到大量潜在的客户，同他们建立商业联系。把你的产品或服务介绍给他们，让他们变成你真正的客户。

除此，还有很多更好的方法去发现潜在的客户，如面对面交谈，通过电话、邮件等方法，重要的是你要敢于尝试并充分利用它们。

7.7 潜在客户的评估及管理

潜在客户的评估

大量的潜在客户并不能转变为目标客户。获得潜在客户名单仅仅是销售人员销售过程"万里长征"的起始阶段，因此，需要对潜在客户进行及时、客观的评估，以便从众多的潜在客户名单中筛选出目标客户。作为优秀的销售人员，需要掌握潜在客户评估的一些常用方法，这些方法可以帮助销售人员事半功倍地完成销售任务。

在挑选、评估潜在客户之前，销售人员需要先自问三个问题：一是潜在客户是否具有你能够给予满足的需求；二是在你满足其需求之后，这些潜在客户是否具有提供适当回报的能力；三是你所在公司是否具有或能够培养比其他公司更能满足这些潜在客户需求的能力。

1. 帕累托法则

帕累托法则，即"80/20 法则"，这是意大利经济学家帕累托于 1897 年发现的一个极其重要的社会学法则。该法则具有广泛的社会实用性，比如 20% 的富有人群拥有整个社会 80% 的财富；20% 的客户带来公司 80% 的营收和利润等等。帕累托法则要求销售人员分清主次，锁定重要的潜在客户。

2. MAN 法则

MAN 法则，引导销售人员如何去发现潜在客户的支付能力、决策权力以及需要。作为销售人员，可以从下面三个方面去判断某个个人或组织是否为潜在客户：一是该客户是否有购买资金 M（money），即是否有钱，是否具有消费此产品或服务的经济能力，也就是有没有购买力或筹措资金的能力。二是该客户是否有购买决策权 A（authority），即你所极力说服的对象是否有购买决定权，在成功的销售过程中，能否准确地了解真正的购买决策人是销售的关键。三是该客户是否有购买需要 N（need）。需要是指存在于人们内心对某种目标的渴求或欲望，它由内在的或外在的、精神的或物质的刺激所引发。另一方面客户需求具有层次性、复杂性、无限性、多样性和动态性等特点，它能够反复地激发每一次的购买决策，而且具有接受信息和重组客户需要结构并修正下一次购买决策的功能。

作为优秀的销售人员，他必须对需求具有正确的认识：需求不仅可以满足，而且可以创造！事实上，普通的销售人员总是去满足需求、适应需求，而优秀的销售人员则是去发现需求、创造需求。

潜在客户的管理

优秀的销售人员懂得如何管理好潜在的客户资源，他们既不会在永远无望的可能客户身上浪费时间，更不会放过任何一个捕捉重要客户的机会。营销实践表明，销售人员对潜在客户的管理主要从紧迫性和重要性两个方面入手。

1. 根据紧迫性分类

紧迫性描述潜在客户在多长的时间范围内做出对公司的产品或服务的购买决定。通常情况下，在1个月内能做出购买决定的潜在客户，就称为渴望型客户；在2个月内能做出购买决定的潜在客户，称为有望型客户；在3个月内能做出购买决定的客户，则称为观望型客户。优秀的销售人员会根据客户的不同类型，安排不同的拜访频次和拜访深度等。

2. 根据重要性分类

重要性描述潜在客户可能购买公司产品或服务的数量的多少。虽然每个潜在客户对销售人员来说都是非常重要的，但根据"80/20法则"，优秀的销售人员更应该关注带来80%利润的20%的关键客户。为此，可以根据公司的业务情况，将客户分为三类：最重要的是关键客户，这类客户需要销售人员投入更多的时间和精力增加访问频次，增加访问深度。其次是重要客户，这类客户应该安排合适的访问频次和内容。最后一类是一般客户，这类客户维持正常的访问频次与内容即可。

7.8 潜在客户资格鉴定制度

为确保潜在客户转化为目标客户，必须对其资格进行鉴定，以使其具备一定的资格条件，为规范潜在客户资格鉴定，特制定本制度。

第一条 对于每一位潜在客户转化为目标客户时，应对其资格进行鉴定、选择，分析其是否具备成为目标客户的条件。

第二条 客户只有具备一定的资格条件，才能正式列入现实客户名单中，建立客户资料卡，作为产品销售的对象。

第三条 鉴定内容

1. 客户支付能力

（1）鉴定企业的支付能力，应充分调查企业的经营状况。

（2）鉴定个人或家庭的支付能力，应调查其个人或家庭的收入情况。

2. 购买决策权

营销人员在向企业或家庭销售产品时，一定要清楚谁是决策者，应该向企业或家庭的购买决策者推销产品。

3. 购买需求

应事先确定潜在客户是否真的需要所销售的产品，鉴定内容主要围绕是否需要、何时需要、需要多少等问题进行。

第四条 营销人员必须加强学习，善于观察，随时注意收集有关资料，寻求有关人员的帮助，尽力搞好潜在客户的鉴定工作。

第五条 根据鉴定结果，应采取相应的客户跟踪或放弃。

7.9 新客户开发管理实施细则

第一条 为公司争取到更多的经销商和市场份额，保证新客户开发计划顺利进行，需要建立统一的组织协调机构。

第二条 组织建设新客户开发部，负责计划的制定和组织实施。

第三条 营业部所辖各科室为具体实施部门。

第四条 确定新客户范围，选择新客户开发计划的主攻方向。

第五条 选定具体的新客户，其步骤是：

1. 搜集资料，制作"潜在客户名录"；

2. 分析潜在客户的情况，为新客户开发活动提供背景资料；

3. 将上述资料分发给营业部。

第六条 实施新客户开发计划，确定与潜在客户联系的渠道与方法。

第七条 召开会议，交流业务进展情况，并总结经验，提出改进措施，对下一阶段工作进行布置。

第八条 组织实施潜在客户调查计划。根据新客户开发部提供的"潜在客户名录"，选择主攻客户，然后指派销售人员进行分工调查，以寻找最佳的开发方法和渠道。

第九条 填制企业统一印制的"新客户信用调查表"，对新客户进行信用调查。

第十条 根据调查结果，进行筛选评价，确定应重点开发的新客户。

第十一条 如调查结果有不详之处，应组织有关人员再次进行专项调查。

第十二条 向新客户开发部提出详细的新客户开发申请，得到同意后，即实施新客户开发计划。

第十三条 在调查过程中，如发现信用有问题的客户，有关人员须向上级汇报，请求中止对其调查的业务洽谈。

第十四条 销售人员在与客户接触的过程中，一方面要对其进行信用及经营、销售能力等方面的调查；另一方面要力争与其建立业务关系。

第十五条 销售人员在访问客户前或进行业务洽谈后，要填制"新客户开发计划及管理实施表"。

第十六条 营业部销售人员应通过填制"新客户开发日报表"，将每天的工作进展情况、取得的成绩和存在的问题向营业部部长反映。

7.10 客户开发业绩考核制度

第一条 为加强和改进绩效管理，对客户开发人员业绩进行详细考核，提高总体经营效率，特制定本制度。

第二条 业绩管理工作不是一种单纯的数据统计工作，而是对客户开发人员拜访客户、销售业绩等方面的原始资料进行综合统计和研究的工作。

第三条 业绩管理工作不是对个人绩效的单纯统计工作，而是一项与部门有不可分割联系的整体性统计工作。

第四条 对客户开发人员个人工作实绩须加以统计，其统计项目如下：

1. 固定客户订货数量统计

（1）推销订货数量统计。指各类客户开发人员访问时接受订货量的统计。

（2）电信订货数量统计。指对各类客户开发人员所辖区域内客户来电或信件订货数量的统计。

2. 新客户订货数量统计。指非固定（原有）客户订货数量统计。

3. 销货退回数量统计

（1）业务问题统计。指对因供货不及时等问题而遭退货情况进行的统计。

（2）误期问题统计。指对未按客户指定日期送货而遭退货等情况的统计。

（3）品质问题统计。指对因产品质量问题而遭退货的情况进行的统计。

（4）其他问题统计。指对因客户订货太多，或因滞销问题而遭退货的情况进行的统计。

4. 销货作废统计。指客户开发人员已开具"售货清单"并记入统计表，在未送货前又被取消订单的数量统计。

5. 销货优惠款额统计。指佣金款额统计。

6. 实销额统计。指客户订货累计额扣除退货、折扣、作废、优惠等项目后的统计。

第五条 对客户开发人员个人收款实绩加以统计，其项目如下：

1. 本月应收货款统计（含本月底为止应收款）；

2. 本月实收款额统计（含期票）；

3. 期票利息损益统计。

第六条 在个人销货中，凡退货属上月份的订货（或送货），其退回数量，应从本月份（或下月份）该客户开发人员销售实绩中扣除，或追回与该退回数量相对应的绩效奖金。

第七条 对销售人员个人客户开发损益加以统计，即个人销售毛利统计，其项目如下：

1. 确定各产品的边际成本。即边际价格与开发成本的确定。

2. 开发费用统计。指对薪水、津贴、机车保险、油料、旅费等费用的统计。

3. 其他费用统计。指对交际、赠送等费用进行的统计。

第八条 对客户开发人员个人销售净利润，即销售毛利扣除期票的损益加以统计。

第九条 本公司销售实绩分月份及年度两类加以统计，其统计项目如下：

1. 实际销售总额统计；

2. 销售总额统计；

3. 各区域、各种类销售额统计。

第十条 各部门对客户开发人员工作实绩加以统计后，应将其绩效列成表，以供经营者了解经营状况之用。

第十一条 客户开发人员工作绩效统计表种类规定如下：

1. 业务统计表

（1）经销商业绩统计比较表；

（2）个人业绩统计比较表。

2. 每月业绩累计比较表

（1）经销商每月业绩累计比较表；

（2）个人每月业绩累计比较表。

第十二条 各部分应以销售净额统计为主，销售增长率应列出表，其中须包括：

1. 各业种销售总额增长一览表；

2. 销售总额增长一览表；

3. 产品销售额增长一览表。

第十三条 公司须对营业部门提出销售目标。

第十四条 营业部门须对客户开发人员个人月标准销售额、销售目标完成率、销售收款增长统计情况加以规定。

第十五条 销售目标完成率计算规定。

第十六条 销售收款增长统计规定。

第十七条 收款票据损益增长的计算以发货起 60 天为计算期。

第十八条 销售利润增长统计规定。

第十九条 绩效指标构成规定。

第二十条 核算绩效等级名次后，应列表公布前 3 名，以鼓励成绩优秀的人员。

第二十一条 制度执行率统计规定。

第二十二条 为奖励业绩优秀的人员，体现激励机制，提高公司的销售绩效，配合各种制度的实施，应对绩效优秀人员颁发奖金以资鼓励。

第二十三条 奖金发放，除依本公司《奖惩管理办法》规定外，悉依本制度办理。

第二十四条 绩效优秀人员奖金发放的规定如下：

1. 成绩绩效奖金

2. 名次绩效奖金

（1）月度名次奖金；

（2）年度名次奖金。

第二十五条 奖金发放规定如下：

1. 月度（分成绩及名次）奖金于次月发薪时一并发放。

2. 年度奖金于年度结算后发放。

第二十六条 营业部门应定期填制统计表，呈报主管领导作为参考，其种类如下：

1. 月度组别销售实绩统计表；

2. 月度销售实绩统计表；

3. 年度业务绩效及费用考核表；

4. 产品构成分析表；

5. 销售额季节变动指数计算表；

6. 销售管理费分解表；

7. 客户货款回收分析表；

8. 销售总利润增减分析表。

7.11 客户开发奖励制度

个人绩效奖励

第一条 实绩额

$$实绩额 = 收款额 \times 票期系数 \times 售价系数 \times 收款系数$$

第二条 收款额

$$收款额 = 每月6日至次月5日止收回货款金额$$

第三条 收款系数

1. 出货日起 7 日内收回货款者，系数为 1.1。

2. 每期 25 日前出货，当期收回货款者，系数为 1。

3. 每期 25 日前出货，次期收回货款者，系数为 0.8。

4. 每期 25 日前出货，第三期以后收回货款者，系数为 0。

第四条 售价系数

1. 以标准售价的系数为 1，每超过 1 元，系数增加 0.01，最高系数为 1.1。严禁降价出货，若需降价，每降低 5 元，系数减 0.03。

2. 出货日起 15 日内收回现金及兑现票据者，其标准售价可降低 5% 计算。

第五条　票期系数

1. 7 日内支票、现金（出货日起）　　　系数为 1.2

　　8～15 日内　　　　　　　　　　　系数为 1.15

　　16～30 日内　　　　　　　　　　　系数为 1.1

　　31～45 日内　　　　　　　　　　　系数为 1.05

　　46～75 日内　　　　　　　　　　　系数为 1

　　76～90 日内　　　　　　　　　　　系数为 0.8

　　90 日后　　　　　　　　　　　　　系数为 0

2. 日期从出货日起算，支票日为票据到期日。

第六条　实绩奖金

1. 实绩奖金 =（实绩额 - 基本额）× 核发标准。

2. 基本额：试用人员为 15 万元；正式人员为 20 万元；专员级为 30 万元；主管以上人员不计个人奖金。

3. 超额部分核发标准：

0～30 万元 × 2.0%；31 万～40 万元 × 2.5%；41 万元以上 × 3.0%。

第七条　奖金核算

实绩奖金按"实绩奖金计算表"核算，采用月计制，两个月总核算一次，当月未达成部分应由次月补加责任额，每月实绩结算日为次月 5 日。

第八条　奖金发放

1. 每月 17 日为奖金发放基准日。各分处应将实绩核算表于每月 10 日前送达营业组。

2. 奖金发放以当月出货回收率达九成者为限，未达标准者在达到时发放。

3. 当月出货回收率 = $\dfrac{\text{当月出货部分的收款额}}{\text{当月出货额 - 当月出货部分的退货及折让}}$

团体绩效奖励

第九条　实绩额

$$\text{实绩额} = 25000 \text{ 元} \times \text{经营效率}$$

第十条　经营效率

$$\text{经营效率} = \dfrac{\text{实绩额}}{\text{实际营业额}} \times \dfrac{\text{目标营业费用}}{\text{实际营业费用}} \times \text{成交点达成率} \times \text{营业额达成率}$$

1. 目标营业费用 = 目标营业额 × 费用比率

2. 成交点达成率 = 实际成交点 ÷ 目标成交点

3. 营业额达成率＝实际营业额÷目标营业额

第十一条 特案实绩

特案实绩以收款额的八成计算。

第十二条 本部实绩额

$$本部实绩额 = 125000 元 \times 平均经营效率$$

第十三条 奖金核发

营业额各分处未达 65%、营业本部未达 75% 者不发奖金。

7.12 开发客户的十条圣训

第一条 每天安排 1 小时

销售，就像任何其他事情一样，需要纪律的约束。销售总可以被推迟，你总在等待一个环境更有利的日子。其实，销售的时机永远都不会有最合适的时候。

第二条 尽可能多打电话

在寻找客户之前，永远不要忘记花时间准确定义目标市场。这样，在电话中与之交流的，就会是市场中最有可能成为你客户的人。

第三条 电话要简短

销售电话应该持续大约 3 分钟，而且应该专注于介绍你自己、你的产品，大概了解一下对方的需求，以便你给出一个很好的理由让对方愿意花费宝贵的时间和你交谈。最重要的是别忘了约定与对方见面。

第四条 在打电话之前准备一份名单

如果不事先准备名单，你大部分销售时间将不得不用来寻找所需要的名字。你会一直忙个不停，总感觉工作很努力，却没有打几个电话。因此，手头要随时准备可供一个月使用的人员名单。

第五条 专注工作

在销售时间里不要接电话或者接待客人。充分利用营销经验曲线。正像任何重复性工作一样，在相邻的时间片段里重复该项工作的次数越多，就会变得越优秀。

第六条 避开电话高峰时间进行销售

如果利用传统销售时段不奏效，就要避开电话高峰时间进行销售。通常人们打销售电话的时间是在早上 9 点到下午 5 点之间。所以，你也可以每天在这个时段安排 1 小时来推销。

第七条 变换致电时间

我们都有一种习惯性行为，你的客户也一样。很可能他们在每周一的 10 点钟都要参加会议。所以尽量避免在该时间段内给客户打电话。

第八条 客户资料井井有条

使用电脑化系统。你所选择的客户管理系统应该能够很好地记录需要跟进的客户，不管是 3 年后才跟进还是明天就要跟进。

第九条 开始之前要预见结果

Stephen Covey（科维）博士在他的《成功人士的七个习惯》一书中，告诫我们开始之前就要预见结果。他的意思是，我们要先设定目标，然后制定一个计划朝着这个目标努力。

第十条 不要停歇

毅力是销售成功的重要因素之一。大多数销售都是在第 5 次电话之后才成交的，然而大多数销售人员则在第 1 次电话之后就停下来了。

7.13 客户开发常用技巧表

内容序号	技 巧
1	明确地设定新开发客户的个数目标
2	严格地设定既定客户目标,不足由新开发客户补充
3	将预定的客户列出,不能只以容易取得的客户为对象
4	设定开发的具体时间目标
5	应于拜访客户前全面收集情报
6	准备行之有效的促销方法
7	先假想好洽商的关键时机再拟定访问计划
8	访问之前先明确计划的负责部门
9	洽商安排方式——前半段收集情报,中间是做宣传,后半段以提案为中心
10	要看准什么人是掌握洽商进展的主要人物
11	与主要负责人进行洽商一定要注意时机
12	依时间的先后将与客户的洽商内容整理成记录
13	掌握对手公司对客户的重要程度
14	掌握对手公司的营业活动后再拟定自己的洽商程序
15	尽早掌握对手公司营业人员的调动情况
16	配合预定客户的人事变动、方针变更等修改自己的营业活动
17	交易完毕之后应经常保持联系

7.14 潜在客户调查表

调查结果：
调查员签字：
年　　月　　日
主管意见：
是否需要后续调查：　□是　□否
指定由（调查员姓名）进行本次调查。
调查期限由＿＿年＿＿月＿＿日至＿＿年＿＿月＿＿日止。
市场部主管签字：
年　　月　　日
后续调查结果：
调查员签字：
年　　月　　日
附页明细：
后附调查申请＿＿页，
后附调查报告＿＿页，
后附后续调查报告＿＿页。
另附

7.15　潜在客户管理表

业务代表：_____

访问公司名称	拜访对象	住址	电话	拜访预定													备注
					1月	2月	3月	4月	5月	6月	7月	8月	9月	10月	11月	12月	
1					计划												
					实际												
2					计划												
					实际												
3					计划												
					实际												
4					计划												
					实际												
5					计划												
					实际												
6					计划												
					实际												
7					计划												
					实际												
8					计划												
					实际												
9					计划												
					实际												
10					计划												
					实际												
11					计划												
					实际												
12					计划												
					实际												
13					计划												
					实际												
14					计划												
					实际												
15					计划												
					实际												

7.16 访问次数与商谈内容归纳表

访问次数	商谈的内容、进行的方法
初次访问	• 使人产生好感，比什么都重要。 • 为了再次拜访，需要把谈话时的要点及客户的注意事项等，尽可能地记录下来。
第二次访问	• 客户的想法，如何肯定地回答及如何应对等都要事先做好准备。 • 掌握客户的意欲，试探他是否有向公司购买的意欲，建议客户在下次商谈时提出提案商谈。
第三次访问	• 提出与上司讨论过的提案书。 • 在这个阶段，自我经营色彩浓厚的客户便会提出自己的决定。 • 参考同行的价格向董事长提案，在向公司提出建议书时，对于不能决定是否订购的客户不要强迫。 • 回想到目前为止所需补充的地方，有说服力的及决定性的工具等，以备第四、五次时可用。
第四次访问	• 第四次是最难的阶段，对营销人员来说是表现实力及完成的阶段。 • 再度确定第三次时所掌握的要点及到目前为止的要点等，做最后的认识。 • 使出最后招数的沟通，提示对方资金方面的问题。 • 依事例的不同要求上司同行，在第三次不能决定购买的原因，对客户一语道破，让对方考虑做决定。
第五次访问	• 务必请上司同行做最后的了结，穷追不舍只会浪费时间，在第五次拜访后仍不能决定购买时，请上司做决断，果断地将此客户从名单中删除。

7.17 客户开发计划及预定表

经办人： 年度

日期	访问客户					约定	访问结果报告书 （简洁说明进度状况及问题点）	分类
	编号	公司名或工厂名	访问时间	面谈者	所属部门	电话		
	1							
	2							
	3							
	4							
	5							
	6						（终了　时　分）	
	1							
	2							
	3							
	4							
	5							
	6						（终了　时　分）	
	1							
	2							
	3							
	4							
	5							
	6						（终了　时　分）	
	1							
	2							
	3							
	4							
	5							
	6						（终了　时　分）	

7.18　潜在客户资料登记表

公　司		个　人	
公司名称		姓名	
地址		年龄	
电话号码		住址	
业种		电话号码	
年营业额		职业	
员工人数		服务公司	
主要产品名称		性质	
注册资金		服务公司地址	
法人代表		进公司时间	
主要客户		出生地	
业界地位		配偶姓名	
市场占有率		家庭成员	
公司、工厂所在地		兴趣	
承办部门		性格	
承办人		政治面貌	
承办人性格		喜爱的运动	
承办人兴趣		采购决定人	
采购决定人		出生时间	
购买本公司产品周期		付款情形	
本公司过去业务承办人		购买本公司产品周期	
业务介绍人		本公司过去业务承办人	

7.19 潜在客户管理卡

(正面)

商品（市场）名　　　　　　　　　　　　　　　　　　　　年　月　日

姓名		公司名称	
地址		地址	
电话		电话	
职业		注册资金	
家庭地址		行业类型	
年收入		法人代表	
信用度		市场占有率	

交易状况

年月	商品	交易额	交易内容	年月	商品	交易额	交易内容

（背面）

客户名称_____   No._____

序号	月日	次数	A	B	C	D	E	访问资料	备注
1									
2									
3									
4									
5									
6									
7									
8									
9									
10									
11									
12									

（注）A：会面 B：访问 C：电话 D：传真 E：其他。

7.20 客户/潜在客户总结表

当前客户	市场细分	评判依据
1.		
2.		
3.		
4.		
5.		
最佳客户	市场细分	评判依据
1.		
2.		
3.		
潜在客户	市场细分	评判依据
1.		
2.		
3.		
4.		
5.		

我们应考虑这些市场份额：

明年我们的客户/潜在客户目标：

7.21 潜在客户追踪表

编号	产品名称	潜在客户		预定采购时间				预算金额	报价表号码	竞争者	小结
		客户名称	接洽人（电话）	一个月内	三个月内	六个月内	一年内				
	（产品A）										
	（产品B）										
	（产品C）										

7.22 新客户内部潜力挖掘表

客户名称		负责接洽部门	
使用商品的部门			
对使用商品的部门的业务会有什么影响			
客户与我方交易原因			
希望与哪个部门取得联系			
有哪些方法可以取得联系			
如何才能取得目前交易部门的引荐			
两部门在业务上有什么联系			
目前想接触部门的主要业务			
该部门主要负责人			
预定交易量			
企业具有哪些吸引该部门的特点			
企业与该预定部门有无纠纷、不和			
应以企业哪一产品为主要推销产品			

7.23 新客户认定报告表

采购经理：　　　　　　　年　　月　　日　　客户代码：

<table>
<tr><td rowspan="7">企业概况</td><td colspan="2">企业名称</td><td colspan="4"></td></tr>
<tr><td rowspan="2">企业法人</td><td>姓　名</td><td></td><td>主要股东</td><td></td></tr>
<tr><td>职　务</td><td></td><td>总资本</td><td></td></tr>
<tr><td>所在地</td><td>邮编</td><td colspan="2">地　　址</td><td></td></tr>
<tr><td colspan="2">总部</td><td colspan="3"></td></tr>
<tr><td colspan="2">工厂</td><td colspan="3"></td></tr>
<tr><td colspan="2">门市</td><td colspan="3"></td></tr>
<tr><td colspan="2">员工人数</td><td></td><td>企业性质</td><td colspan="2"></td></tr>
</table>

<table>
<tr><td rowspan="8">经营规模</td><td rowspan="3">近期业绩</td><td>销售额(元/年)</td><td>营业利润（元/年）</td><td colspan="2">本期利润（元/年）</td></tr>
<tr><td>年度</td><td></td><td colspan="2"></td></tr>
<tr><td>年度</td><td></td><td colspan="2"></td></tr>
<tr><td rowspan="4">分客户和分产品的销售额</td><td colspan="4">主要客户与销售额（元/年）</td></tr>
<tr><td>1</td><td></td><td>1</td><td></td></tr>
<tr><td>2</td><td></td><td>2</td><td></td></tr>
<tr><td>3</td><td></td><td>3</td><td></td></tr>
<tr><td rowspan="2">工厂</td><td>占地面积</td><td>m²</td><td>1. 自有</td><td>2. 租赁</td></tr>
<tr><td>建筑物面积</td><td>m²</td><td>1. 自有</td><td>2. 租赁</td></tr>
</table>

<table>
<tr><td rowspan="4">供货条件</td><td colspan="2">供货商品目录</td><td></td><td>年供货额（元/年）</td><td></td></tr>
<tr><td colspan="2">交易理由与今后方针</td><td>交易理由</td><td colspan="2">今后交易方针</td></tr>
<tr><td rowspan="2">支付条件</td><td>现金
%</td><td>支票
%</td><td>支付期间
天</td><td>开户银行</td><td>账号</td></tr>
<tr><td colspan="3"></td><td>营销经理</td><td>营销员</td></tr>
</table>

备注	

7.24　一周行动计划表

月度　第　周行动计划表　　　　　　　　　　　　　　　　负责人员_____

顾客名称 \ 内容 \ 项目	情报			推进			促销				营销				服务				营业			下周行动计划的预备
	同业消息	周边地区消息	本地区消息	销售动向	制定销售计划	调查库存量	新产品推广	促销计划	成立商圈	促销活动	广告	企划	销售计划	提供方案	资料提供	陈列样品	广告援助	抱怨处理	同行访问	接受订单	回收	指出导货	

7.25 客户访问步骤表

顾客名称\步骤\编号	1 自我介绍	2 打听咨询	3 提示来意	4 当场演示	5 预估达成率	6 预约

7.26　客户访问实情日报表

访问用户	地址电话	业种	访问动机	面谈时间	经过	对应商品	销售预估额	区分	备注
			□主动访问 □公司命令 □探听得来 □介绍					□新客户 □续访问 □用户 □售后服务 □其他	
			□主动访问 □公司命令 □探听得来 □介绍					□新客户 □续访问 □用户 □售后服务 □其他	
			□主动访问 □公司命令 □探听得来 □介绍					□新客户 □续访问 □用户 □售后服务 □其他	
			□主动访问 □公司命令 □探听得来 □介绍					□新客户 □续访问 □用户 □售后服务 □其他	

本日成果　　　　　　　　　　　　　　上司评价

部门主管：_____　单位主管：_____　报告人：_____

7.27 阻碍洽谈进展苗头的表格

阻碍洽商进展的 10 个征兆

情况与真实完全不符合者打"1"、相当符合者打"5",以此为依据进行 5 段式的确认。

1. 洽商中已达到共识的事项被推翻。　　　　　　　☐☐☐☐☐
2. 在没有原因的情况下会谈的约定被取消。　　　　☐☐☐☐☐
3. 主要负责人出席的机会开始减少。　　　　　　　☐☐☐☐☐
4. 洽商的内容越来越不具体。　　　　　　　　　　☐☐☐☐☐
5. 洽商不再有进展。　　　　　　　　　　　　　　☐☐☐☐☐
6. 洽商中可以听到认同其他公司的言论。　　　　　☐☐☐☐☐
7. 与上司、其他部门的同行拜访被婉拒。　　　　　☐☐☐☐☐
8. 当提及估价书、提案书之事时,对方会以尚在商讨中逃避话题。 ☐☐☐☐☐
9. 对方尚在考虑作回答,但提到期限时又会巧妙地回避话题。 ☐☐☐☐☐
10. 可隐约察觉对方在下决定上仍存有不安与迟疑。 ☐☐☐☐☐

◇自己今后的营业活动◇

7.28 易引起误解的表达方式表

1. "我想总会有办法的" 客户会认为营业员已经答应自己的意见

2. "应该没问题" 客户会认为就是没问题了

3. "我想近期内可以给你答复" 你认为一周后，客户却认为本周内可以得到答复

4. "我们会积极检查看看" 这种说法会留给顾客期待

5. 点头说"对啊" 顾客到时会反问："在谈到××的时候，你不是表示同意吗?"

6. "我们会照你希望的方式做做看" 对方会认为你愿意配合他的意愿

7. "是啊，这种想法也是可以理解的" 对方会以为你赞同他的意见

8. "确实说得有道理" 对方会错以为你的意见与他相同

9. 只是客套话的"××的时候也通知我一声" 顾客会信以为真地记住这句话

10. 不明确表示"是"与"否" 顾客会依照自己的需要去做解释

7.29　招待客户禁忌表

1. 不可在未考虑客户的立场时随意表示邀请。
在主事者的上司面前提出招待的话会让事情因此变坏。

2. 正确掌握对方有哪些人要一起出席参加。
若客户方面有上级要一起参加，应重新考虑相称的招待场所与形式。

3. 不能只以特定的客户为对象，要以对目标有影响力的客户为主要对象。
只以与自己个性投不投合为招待的基准，只会平白浪费经费。

4. 未事先决定场所届时才看着办的方式会让客户觉得跟着团团转。
如果去的地方客满、声音嘈杂而无法交谈，则这只是一场纯吃喝的宴会罢了。

5. 预算要足够。
最低的预算准备应是一张令自己在意的收据金额。

6. 酒喝过量会主客颠倒。
喝酒甚至会语无伦次。

7. 不可有使对方产生不悦的举动。
注意礼节可留给对方好印象。

8. 餐后的再聚会（喝咖啡等）宜选择靠近客户住宅附近的场所。
不能为自己回家方便挑选自己住宅附近的场所。

9. 不要根据自己的好恶挑选餐后的聚会地点。
带不喜欢卡拉OK的客人去唱OK会使之前的正式聚会前功尽弃。

10. 之后的洽商中不能再提及上次招待对方之事。
洽商时提及上次的招待一事会造成客户精神上的负担。

第 8 章

客户服务管理必备制度与表格

8.1　客户服务管理办法

总则

1. 本公司为求增进经营效能，加强售后服务的工作，特制定本办法。

2. 本办法包括总则、维护与保养作业程序、客户意见调查等。

3. 各单位服务收入的处理及零件请购，悉依本公司会计制度中"现金收支处理程序"及"存货会计处理程序"办理。

4. 服务部为本公司商品售后的策划单位，其与服务中心及分公司间，应保持直接及密切的联系，对服务工作处理的核定依本公司权责划分办法处理。

5. 本办法呈请总经理核准公布后施行，修正时同。

维护与保养作业程序

1. 本公司售后服务的作业分为下列四项。

（1）有费服务（A）——凡为客户保养或维护本公司出售的商品，而向客户收取服务费用者属于此类。

（2）合同服务（B）——凡为客户保养或维护本公司出售的商品，依本公司与客户所订立商品保养合同书的规定，而向客户收取服务费用者属于此类。

（3）免费服务（C）——凡为客户保养或维护本公司出售的商品，在免费保证期间内，免向客户收取服务费用者属于此类。

（4）一般行政工作（D）——凡与服务有关之内部一般行政工作，如工作检查、零件管理、设备工具维护、短期在职训练及其他不属前三项的工作均属于此类。

2. 有关服务作业所应用的表单（如表8-1）规定如下：

表8-1　　　　　　　　　　　　服务作业应用

编号	报表名称	说　　明
服表001	服务凭证	商品销售时设立，作为该商品售后服务的历史记录，并作为技术员的服务证明。
服表002	报修登记簿	接到客户报修的电话或函件时记录。
服表003	客户商品领取收据	凡交本公司修理商品，凭此收据领取。
服表004	客户进出登记簿	于携回客户商品交还时登记。
服表005	修护卡	悬挂于待修的商品上，以资识别。
服表006	技术人员报表	由技术人员每日填报工作类别及耗用时数送服务主任查核。
服表007	服务主任日报表	由服务主任每日汇报工作类别及耗用总时数送服务部查核。

3. 服务中心或各分公司服务组，接到客户的报修电话或函件时，该单位业务员应即时将客户的名称、地址、电话、商品型号等，登记于"报修登记簿"上，并在该客户资料袋内，将该商品型号的"服务凭证"抽出，送请主任派工。

4. 技术人员持"服务凭证"前往客户现场服务，凡可当场处理完妥者即请客户于服务凭证上签字，携回交于业务员于"报修登记簿"上注销，并将服务凭证归档。

5. 凡属有费服务，其费用较低者，应由技术人员当场向客户收费，将款交于会计员，凭以补寄发票，否则应于当天凭"服务凭证"至会计员处开具发票，以便另行前往收费。

6. 凡一项服务现场不能处理妥善者，应由技术员将商品携回修护，除由技术员开立"客户商品领取收据"交与客户外，并要求客户于其"服务凭证"上签认，后将商品携回交与业务员，登录"客户商品进出登记簿"上，并填具"修护卡"，以凭卡施工修护。

7. 每一填妥的"修护卡"，应挂于该商品上，技术员应将实际修护使用时间及配换零件详填其上，商品修妥经主任验讫后在"客户商品进出登记簿"上注明还商品日期，然后将该商品同"服务凭证"，送请客户签章，同时取回技术员原交客户的收据并予以作废，并将"服务凭证"归档。

8. 上项携回修护的商品，如系有费修护，技术员应于还商品当天凭"服务凭证"至会计员处开具发票，以便收费。

9. 凡待修商品，不能按原定时间修妥者，技术员应即报请服务主任予以协助。

10. 技术员应于每日将所从事修护工作的类别及所耗用时间填"技术员工作日报表"，送请服务主任核阅存查。

11. 服务主任应逐日依据技术人员日报表，将当天所属人员服务的类别及所耗时间，填"服务主任日报表"。

12. 分公司的"服务主任日报表"，应先送请经理核阅签章后，转送服务部。

13. 服务中心及分公司业务员，应根据"报修登记簿"核对"服务凭证"后，将当天未派修工作，于次日送请主任优先派工。

14. 所有服务作业，市区采用6小时，郊区采用7小时派工制，即报修时间至抵达服务时间不得逾上班时间内6小时或7小时。

15. 保养合同期满前1个月，服务中心及分公司，应填具保养到期通知书寄与客户，并派员前往争取续约。

客户意见调查

1. 本公司为加强对客户的服务，并培养服务人员"顾客第一"的观念，特举办客户意见调查，将所得结果，作为改进服务措施的依据。

2. 客户意见分为客户的建议或抱怨及对技术员的评价。

除将评价资料作为技术员每月绩效考核之一部分外，对客户的建议或抱怨，服务部应特别加以重视，认真处理，以精益求精，建立本公司售后服务的良好信誉。

3. 服务中心及分公司应将当天客户"报修登记簿"于次日寄送服务部，以凭填寄"客户意见调查卡"。调查卡填寄的数量，以当天全部报修数为原则，不采抽查方式。

4. 对技术员的评价，分为态度、技术、到达时间及答应事情的办理等四项，每项均按客户的满意状况分为四个程度，以便客户勾填。

5. 对客户的建议或抱怨，其情节重大者，服务部应即提呈副总经理核阅或核转，提前加以处理，并将处理情况函告该客户；其属一般性质者，服务部自行酌情处理，但应将处理结果以书面或电话通知该客户。

6. 凡属加强服务及处理客户的建议或抱怨的有关事项，服务部应经常与服务中心及分公司保持密切的联系，随时予以催办，并协助其解决所有困难问题。

7. 服务中心及分公司对抱怨的客户，无论其情节大小，均应由服务主任亲自或专门派员前往处理，以示慎重。

8.2 客户投诉案件具体处理办法

第一条 为保证客户对本公司商品销售所发生的客户投诉案件有统一规范的处理手续和方法，防范类似情况再次发生，特制定本办法。

第二条 本办法所指客户投诉案件系指出现第三条所列事项，客户提出减价、退货、换货、无偿修理加工、损害赔偿、批评建议等。

第三条 客户的正当投诉范围包括：

1. 产品在质量上有缺陷。

2. 产品规格、等级、数量等与合同规定或与货物清单不符。

3. 产品技术规格超过允许误差范围。

4. 产品在运输途中受到损害。

5. 因包装不良造成损坏。

6. 存在其他质量问题或违反合同问题。

第四条　本公司各类人员对投诉案件的处理，应以谦恭礼貌、迅速周到为原则。各被投诉部门应尽力防范类似情况的再度发生。

第五条　业务部所属机构职责

1. 确定投诉案件是否受理。

2. 迅速发出处理通知，督促尽快解决。

3. 根据有关资料，裁决有关争议事项。

4. 尽快答复客户。

5. 决定投诉处理之外的有关事项。

第六条　质量管理部职责

1. 检查审核投诉处理通知，确定具体的处理部门。

2. 组织投诉的调查分析。

3. 提交调查报告，分发有关部门。

4. 填制投诉统计报表。

第七条　各营业部门接到投诉后，应确认其投诉理由是否成立，呈报上级主管裁定是否受理。如属客户原因，应迅速答复客户，婉转讲明理由，请客户谅解。

第八条　各营业部门对受理的投诉，应进行详细记录，并按下列原则做出妥善处理：

1. 凡属质量缺陷，规格、数量与合同不符，现品与样品不符，超过技术误差时，填制投诉记录卡，送质量管理部。

2. 如纯属合同纠纷，应填制投诉记录卡，并附处理意见，送公司有关领导裁定处理。

3. 如属发货手续问题，依照内销业务处理办法规定处理。

第九条　质量管理部在接到上述第一种情况的投诉记录卡时，要确定具体受理部门，指示受理部门调查，记录卡一份留存备查。

第十条　受理部门接到记录卡后，应迅速查明原因。以现品调查为原则，必要时要进行记录资料调查或实地调查。调查内容包括：

1. 投诉范围（数量、金额等）是否属实。
2. 投诉理由是否合理。
3. 投诉目的调查。
4. 投诉调查分析。
5. 客户要求是否正当。
6. 其他必要事项。

第十一条 受理部门将调查情况汇总，填制"投诉调查报告"，随同原投诉书一同交主管审核后，交质量管理部门。

第十二条 质量管理部门收到调查报告后，经整理审核，呈报营业部主管，回复受理部门。

第十三条 受理部门根据质量管理部意见，形成具体处理意见，报请上级主管审核。

第十四条 受理部门根据上级意见，以书面形式答复客户。

第十五条 客户投诉记录卡中应写明投诉客户名称、客户要求、受理时间和编号、受理部门处理意见。

第十六条 客户投诉记录卡的投诉流程为：

第一联，存根，由营业部留存备查。

第二联，通知，由营业部交送质量管理部。

第三联，通知副本，由营业部报上级主管。

第四联，调查报告，由受理部门调查后交质量管理部。

第五联，答复，由质量管理部接到调查报告，经审核整理后，连同调查报告回复受理部门。

第六联，审核，由质量管理部上报审核。

第十七条 调查报告内容包括发生原因、具体经过、具体责任者、结论、对策和防范措施。

第十八条 投诉处理中的折价、赔偿处理依照有关销售业务处理规定处理。

第十九条 质量管理部应于每月5日前填报"投诉统计表"，呈报上级审核。

8.3　客户提案意见处理规定

1. 目的
本规定的提出，旨在广泛听取客户意见，使客户的提案与意见处理规范化、标准化，做到广泛听取、及时处理、迅速反馈。

2. 对象
以本企业销售的全部产品为对象，企业的全部客户都应视作提案（意见或合理化建议）的提出者。

3. 提案内容
客户购买、使用本企业产品，最终目的在于降低使用成本。因此提案内容归结为降低使用成本、提高产品质量两方面。具体讲，包括：

（1）提高产品的标准化程度有关的建议。

（2）降低物流成本，改善销售渠道与方式的建议。

（3）有关为提高加工组装和质检效率等方面的技术性建议。

（4）提供的新材料、新零部件方面的信息。

（5）有关改善售后服务等方面的建议。

（6）其他。

4. 提案目标
资材科每半年提出提案目标和提案收集计划，并及时通知客户。

5. 提案的受理与处理方法
（1）客户将自己的提案填入统一表格，返还资材科。

（2）资材科受理后，作受理记录，送交相关部门研究分析。

（3）相关部门的研究分析时间原则上不超过1个月。否则，应报告具体日程安排。

（4）相关部门将研究结果记入提案表，返还资材科。

资材科告知客户提案采纳与否的同时，并就实施时间、改进措施等通报客户。

（5）因客户提案而产生工业所有权问题时，如属本企业开发研制，则归本企业所有；如属本企业与客户共同开发研制，双方协议解决。

6. 提案成果分配
（1）提案成果享有权为1年，其分配比例为本企业40%，客户60%。

（2）提案实施 1 年后，其成果为本企业独享。

7. 表彰与评价

（1）对提案成果明显的客户，依据《客户提案表彰规定》，予以表彰奖励。

（2）提案的评价标准以供求计划确定时的成本降低额和提案件数为依据。

8. 本规定自×年×月×日起施行。

8.4 客户投诉行政处罚规定

第一条 客户投诉处罚责任归属

凡发生客户投诉案件，经责任归属后，对责任部门或个人处以行政处分，对退回的产品，给予 1 个月的转售时间。如果售出，则以甲级售价损失的金额，依责任归属分摊至个人或组。未售出时以实际损失金额依责任归属分摊。

第二条 客户投诉实际损失金额的责任分摊计算

由总经理室每月 8 日前汇总结案，制造部依发生原因归属责任，若系个人过失则全数分摊该责任人，若为两人以上的共同过失（同一部门或跨越部门）则依责任轻重分别判定责任比例，以分摊损失金额。

第三条 处分标准

经判定后的个人责任负担金额如表 8-2 所示。

表 8-2　　　　　　　　　　行政处分标准

责任负担金额	处分标准	备注
10000 元以下	检讨书，另扣每基点数 200 元	
10001～50000 元	部门内警告一次	
50001～100000 元	全公司警告一次	
100001～200000 元	部门内记过一次	
200001～400000 元	全公司记过一次	
400001～1000000 元	记大过一次	
1000001 元以上	记大过两次以上	

第四条 客户投诉行政处分判定项目补充说明

1. 因财务错误遭客户投诉者。
2. 因票据错误或附件等资料错误遭到客户投诉者。
3. 未依制作规范予以备料、用料遭到客户投诉者。
4. 成品交运超出应收范围未经客户同意遭到客户投诉者。
5. 经剔除的不合格产品混入正常品缴库遭到客户投诉者。
6. 擅自减少有关生产资料者。
7. 业务人员对于特殊质量要求，未反映给有关部门遭到客户投诉者。
8. 订单误记遭到客户投诉者。
9. 装运错误者。
10. 交货延迟者。
11. 交货单错填者。
12. 仓储保管不当者。
13. 外观标志不符产品实际规格者。
14. 检验资料不符产品实际者。
15. 其他。

以上情况一经查证属实，依情节轻重予以行政处分，并上报总经理核准后由人事部门公布。

第五条 行政处罚

1. 警告一次，处罚 400 元以上。
2. 记小过一次，以每基数处罚 800 元以上。
3. 记大过以上者，以当月效益奖金全额处罚。

第六条 以上处分原则，执行时由总经理室依照《客户投诉损失金额核算基准》初步确定，并上报总经理核准后由人事部门公布。

8.5 客诉处理作业流程

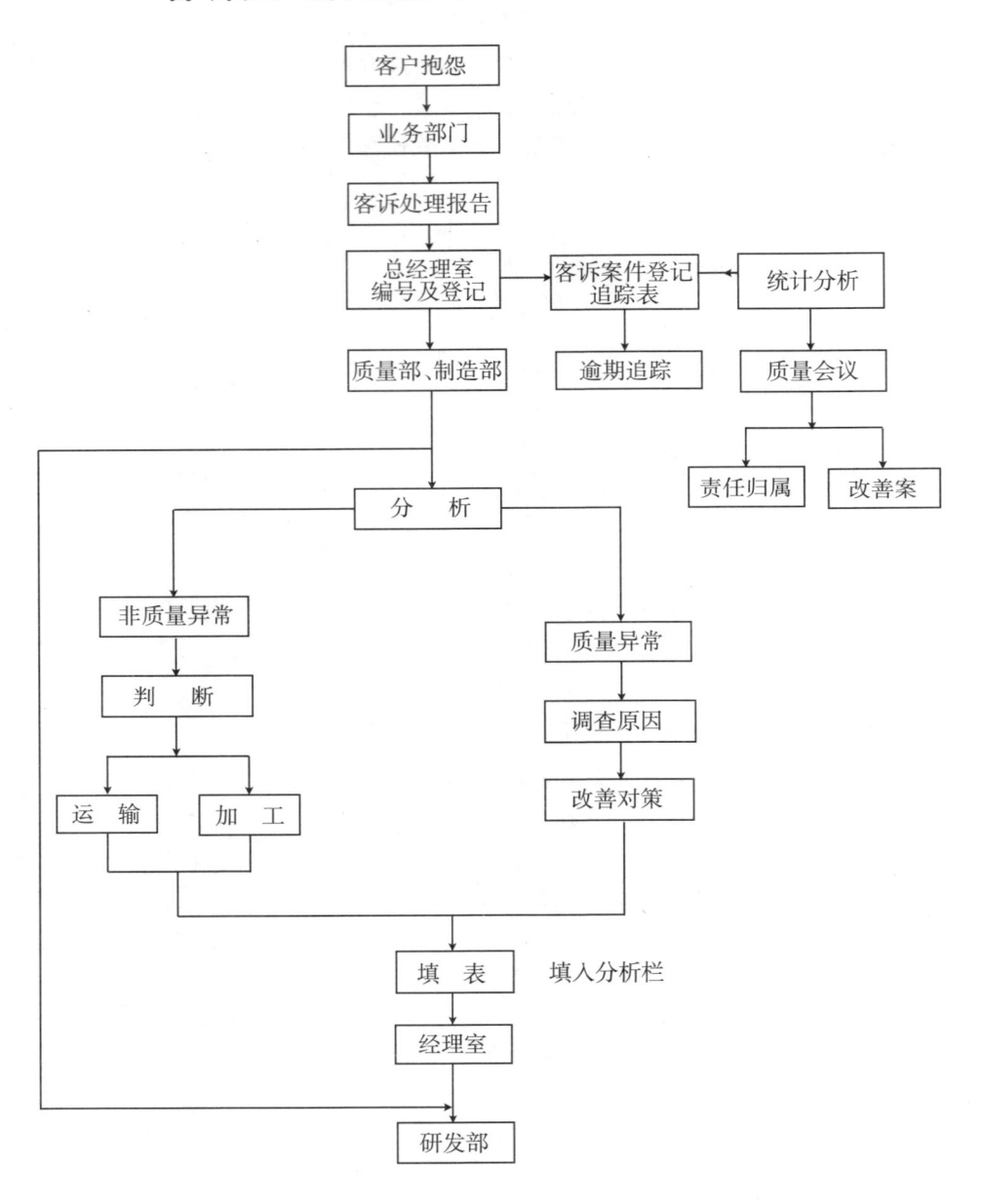

```
          客户抱怨
            │
          业务部门
            │
         客诉处理报告
            │
    ┌───────┴───────┐
  总经理室       客诉案件登记      统计分析
  编号及登记      追踪表             │
    │             │               质量会议
 质量部、制造部   逾期追踪          ┌──┴──┐
    │                          责任归属  改善案
    │
    ▼
   分 析 ──────────────┐
    │                  │
 非质量异常           质量异常
    │                  │
   判 断             调查原因
  ┌─┴─┐                │
 运输  加工          改善对策
  │    │               │
  └────┴───────┬───────┘
              │
             填 表      填入分析栏
              │
             经理室
              │
             研发部
```

8.6　客户服务工作制度检查/评价表

公司名称：　　　　　　　　　　　　　　　　　　年　月　日

序号	评　价　内　容	评　价	
1	是否建立客户清单	是	否。原因：
2	是否制定本部门客户服务公关计划	是	否。原因：
3	客户服务公关计划是否按期完成	是	否。原因：
4	客户书面信函要求是否书面恢复，是否定期访问客户	是	否。原因：
5	本年度是否与客户发生纠纷	是	否。原因：
6	本制度执行中存在什么问题？是否已解决	是	否。原因：
存在问题及改进建议	存在问题： 1. 2. 3. 整改建议： 1. 2. 3.		

评价意见：

审核意见：

审核人：　　　　　　　　　　评价人：　　　　　　　　　　检查人：

8.7 客户抱怨防范表

客户是否对营业活动或商品表示过不满	与客户约好时间是否曾经失约或迟到	是否曾经与客户发生争论，否定对方的价值观
谁	在什么时候	什么情况下
什么事情	对谁	如何解决

以后应注意哪些

上司建议

可能发生的问题	觉得有些征兆的问题
	问题已经形成的事项
	问题可能有些严重的事项

8.8 客户抱怨分析表

客户名		发生日期	

抱怨纠纷内容	产生原因

取得（公司内）何人协助能对事情有帮助	自抱怨发生至今，与客户接触情况

是否已取得此人协助

你认为客户希望如何解决	在处理当中	
	可能会遇到的困难	处理方法

公司有没有办法达到客户希望	处理之前的具体行动

上司的建议：

8.9 客户抱怨处理报告表

抱怨处理报告表			年 月 日
		报告人　　　签章	
抱怨受理日	年　月　日　上午、下午　时　分		
抱怨受理者	1. 信；　2. Fax；　3. 电话；　4. 来访；　5. 店内		
抱怨内容	内容分类：1. 品质（有杂物）；2. 品质（故障）；3. 品质（损坏）		
	4. 品质（其他）；　5. 数量；　6. 货期；　7. 态度；　8. 服务		
抱怨见证人			
地　　址			
处置紧急度	1.　　　　　　　　　　2. 普通		
承办人			
处理日			
处理内容			
费用			
保障			
原因调查会议			
原因调查人员			
原因	1. 严重原因；　2. 偶发原因；　3. 疏忽大意；　4. 不可抗拒的因素		
记载事项			
检讨			

8.10 客户投诉登记表

经办人：　　　　　　　　　　　　　　　　　　　　　　　　　年　月　日

客户		订单No		制造部门			交运日期及No	
品名及规格			单位	交货数量			金额	

投诉内容	投诉理由	〔〕所附文件〔〕Claim Report〔〕TLX〔〕信件〔〕____						经办科长
	客户要求	赔款　　元	折价 %　元	退货	数量： 金额：	其他		
	经办人意见							

营销部意见	采购意见（采购如涉及供应商同意事项，应附供应商同意书）

制造单位意见：

R&D 意见：

财务部意见：

副总经理批示：

总经理批示：

　　注：本表一式五联，分别交营业部、财务部、研究开发部、商品管理部和业务部。

8.11 客户投诉管理表

受理日期： 年 月 日　　　　　　　　　　　　　附　件：_____
填表单位：_____　　　　　　　　　　　　投诉编号：_____
填表人：　　　　年　　　　月　　　　日　　　客户代号：_____

接单日期：	接单人：	客户名称：	负责人：
订单编号：	制造单位：	地　址：	存货地址：
交运编号：	料号：	联络人：	电　话：
交货日期：	单价：	投诉方式：〔〕电话〔〕书信〔〕其他	
交货数量： 交货金额： 不良数量：		产品用于：〔〕内销〔〕合作〔〕外销〔〕其他	
发票日期： 发票号码：		客户有无品质确认：〔〕有〔〕无 产品名称：	
本批货款：〔〕已全部收回〔〕部分收回,金额 〔〕尚未收回〔〕其他		本次投诉：为本年度第　　次投诉 研究后拟：〔〕退回。数量　　　金额	
本批货品：〔〕已经使用〔〕部分使用,数量 〔〕尚未使用〔〕其他		〔〕补送。数量　　　金额 〔〕维修。数量　　　金额	
发现本批投诉系客户在：〔〕入库时〔〕生产线上 〔〕制成品〔〕出口后 〔〕其他		〔〕折扣。数量　　　金额： 〔〕索赔。数量　　　金额	
客户发现日期： 客户反映日期：		投诉比率：　%（投诉损失金额÷交货金额）	
投 诉 内 容		业务主管意见	业务部经理意见

品质管理单位检验分析及原因判定		
		经理 科长 经办

制造单位原因分析及改善对策			经理室意见	
		经理 科长 经办		经理 科长 经办

研究开发部意见			业务部门处理意见	
		经理 科长 经办		经理 科长 经办

续表

总经理室综合意见			业务部门处理结果			
	经理			经理科长		
	经办			经办		
总经理	副总经理	财务部	责 任 归 属			
			单位	比率	金额	处理日期	结束日期

一式五联：业务部门→总经理室（1/2 天）→品管单位（1 天）→制造单位（1 天）→研发部（1 天）→业务部门（国内 5 天，国外 12 天）→总经理室（1/2 天）→呈核。①制造单位；②品管部；③财会部门；④业务部门。

8.12 客户投诉处理表

年 月 日 时			承办主人	查证人	承办人	填表人
申诉者	公司名称	财务			姓名	
	地址				电话	
标的事项	品名	数量			金额	
	项目					
申诉意见	对方的意见					
	本方的意见					
调查	调查项目及结果					
	调查判定					
暂定对策	何人？何时？该如何处理？					
最后的对策	何人？何时？该如何处理？					
发生的原因	1. 开发的错误　6. 检查的错误	情节程度	重大	备注		
	2. 设计的错误　7. 使用已久		中等			
	3. 材料的错误　8. 处理时不小心					
	4. 原料的错误　9. 使用不慎		轻微			
	5. 作业的错误　10. 其他					

8.13　客户投诉处理日报表

年　　月　　日

勤务人员	上午	下午	晚上	值班人	迟到、早退、缺勤者	
接待流程	（营业部门）			（总务部门）		
客户问题						签名
改善意见、看法、处理困难						
联络事项						
明日预定						
上级指示						
主管栏						
当事者签名						

经理：　　　　　　单位主管：　　　　　　填表：

注：1. 本表的投诉还包括顾客和客户提出的意见、抱怨等。
　　2. 本表由综合服务台或值班经理负责填写。

8.14 客户投诉登记追踪表

_____年_____月   No:_____

件数	受理		客户	交货单编号	品名规格	交运		不良品数量	投诉内容	制造部门	处理方式	损失金额	责任归属		个人惩处		处理时效				合计
	日期	编号				日期	数量/金额						部门	比率%	姓名	类别	主管部门	会计部门	业务部门	总经理室	结束	
1.																					
2.																					
3.																					
4.																					
5.																					
6.																					
7.																					
8.																					
9.																					
10.																					
11.																					
12.																					

8.15 客户投诉案件统计表

　　月份　　　　　　　　　　　　　　　　　　　　　年　月　日

客诉日期	客诉字号	客户	品名规格	交运日期	日期数量	不良数量	客诉内容	责任单位	处理方式 赔款	退货	折价	损失金额	备注

8.16 客户抱怨处理总结表

共发生抱怨投诉次数		每天次数	
已解决的抱怨次数		解决比例	
涉及产品质量的次数			

主要质量问题

采取的对策

运输环节问题及对策

加工环节问题及对策

管理环节问题及对策